50일 완성 뜯어먹는

중학 영숙어 **1000**

이보영   이화여자대학교 영어교육과 학사
한국외국어대학교 통번역대학원 한국어 영어 통역 석사
이화여자대학교 영어교육학 박사
전 EBS-FM '귀가 트이는 영어' 진행

저 서   영문법 100일의 기적
이보영의 하루 15분 영어습관 Grammar Usage
이보영 선생님의 하루 10분 초등영어 시리즈

뜯어먹는
중학 영숙어 1000

발행일   2018년 10월 10일

인쇄일   2023년 5월 30일

펴낸곳   동아출판(주)

펴낸이   이욱상

등록번호   제300-1951-4호(1951.9.19)

개발총괄   장옥희

개발책임   이보현

개발   서현전 이은지 이제연 정혜원

디자인책임   목진성

디자인   강혜빈

대표번호   1644-0600

주소   서울시 영등포구 은행로 30 (우 07242)

내용·구입·교환 문의   1644-0600 (파본은 구입처에서도 교환이 가능합니다.)

인터넷 학습 정보   www.bookdonga.com

안녕하세요? 이보영입니다.

영어를 공부하면서 가장 중요한 것 가운데 하나가 바로 어휘력입니다. 어휘력을 높이기 위해 많은 학습자들이 하루에도 수십, 수백 개의 단어들을 우리말 뜻과 함께 달달 외우는 모습을 자주 접할 수 있습니다. 하지만 제대로 말할 줄 아는 영어 사용자가 의외로 많지 않은 것이 현실입니다. 단어와 숙어들이 어떤 의미로 '활용'되는지를 정확히 이해하고, 문장 안에서 그 표현을 적절하게 활용하는 법을 익혀야 하는데 대부분의 학습자들이 그러지 않았기 때문입니다.

이번 '뜯어먹는 중학 영숙어' 개정판에서는 중학교 영어과 교육과정에서 다뤄지는 어휘를 중심으로 실제로 자주 사용되는 숙어들을 발췌하고, 수차례의 검증 과정을 거쳐 실용적인 예문과 함께 제시하는 데 중점을 두었습니다. 또한 흥미를 유발하는 다양한 문제 풀이 활동을 통해 학습자들이 숙어의 확실한 활용법을 효과적으로 익힐 수 있도록 했습니다.

그렇기 때문에 저는 이 책이 영어 학습의 고지를 정복하기 위해 밤낮으로 노력하고 있는 여러분에게 히말라야 원정대의 노련한 셰르파와 같이 큰 힘이 되어 줄 것으로 믿습니다.

끝으로, 이번 개정판 작업에서 많은 애를 써 주신 동아출판의 편집부를 비롯, (주)미소아의 김원아 대표, 강단비 연구원님, 성혜수 연구원님께 깊은 감사를 드립니다.

이보영

뜯어먹는 중학 영숙어 1000, 이렇게 활용하세요.

1. 오늘의 숙어

새 교육과정에 따라 중학교 영어 교과서에 등장하는 숙어를 엄선하여 예문과 함께 제시했습니다.

하루에 딱 스무 개씩만 외워 보세요.

2. QR 코드

날짜별 QR 코드를 통해 숙어의 발음을 바로 확인할 수 있습니다. 숙어와 뜻, 예문을 들으며 편리하게 학습하세요.

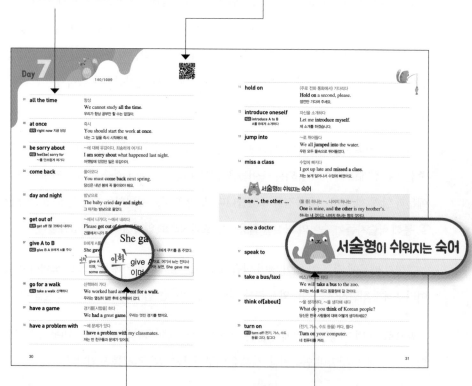

3. 아하!

쉽게 익혀지지 않거나 보충 설명이 필요한 부분을 명쾌하고 깔끔하게 설명했습니다.

4. 서술형이 쉬워지는 숙어

서술형 평가에서 아주 유용하게 사용할 수 있는 숙어 50개를 엄선하였습니다.

점점 더 중요해지는 서술형 평가에 손쉽게 대비하세요.

5. Daily Test

오늘의 숙어 20개를 제대로 익혔는지 문제로 확인해
보는 코너입니다. 서술형·수행 평가에 대비할 수
있는 유형도 준비되어 있어요.

6. 일일·누적 테스트

앞면에는 일일 학습 숙어 20개가,
뒷면에는 첫날부터 학습한 숙어들이 무작위로
제시되어 있습니다. 매일 매일 꼭 풀어보세요.

7. 미니 숙어 사전

이 책에 수록된 1,000개의 숙어와 그 의미를
정리하여 만든 작지만 강한 숙어 사전입니다.

8. 일일 암기장

뜯어서 들고 다니면서 언제 어디서든 숙어를 암기할 수
있어요. 틈나는 대로 꺼내 외우다 보면 어려운 숙어도
자연스럽게 익힐 수 있습니다.

이렇게 공부하세요!

• 학습을 시작하기 전 QR 코드로 먼저 숙어와 뜻을 들어 보기
• Day별로 1차 학습하고, Daily Test를 통해 실력 확인하기
• 한 번 더 2차 학습하며 온전히 자기 것으로 만들기

Day	1차 학습일	2차 학습일	Day	1차 학습일	2차 학습일
01	/	/	26	/	/
02	/	/	27	/	/
03	/	/	28	/	/
04	/	/	29	/	/
05	/	/	30	/	/
06	/	/	31	/	/
07	/	/	32	/	/
08	/	/	33	/	/
09	/	/	34	/	/
10	/	/	35	/	/
11	/	/	36	/	/
12	/	/	37	/	/
13	/	/	38	/	/
14	/	/	39	/	/
15	/	/	40	/	/
16	/	/	41	/	/
17	/	/	42	/	/
18	/	/	43	/	/
19	/	/	44	/	/
20	/	/	45	/	/
21	/	/	46	/	/
22	/	/	47	/	/
23	/	/	48	/	/
24	/	/	49	/	/
25	/	/	50	/	/

뜯어먹는
중학 영숙어
1000

CONTENTS

01 a few

약간의, 조금은 있는

A few days ago, she bought a very pretty dress.

며칠 전에, 그녀는 아주 예쁜 드레스를 샀다.

02 a lot of

유사 lots of 많은 ~

많은 ~

We had **a lot of** fun. 우리는 굉장히 재미있었어요.

> 아하
> a lot of는 셀 수 있는 명사(book, pen, chair ...)와 셀 수 없는 명사 (water, milk, rain ...) 앞에 모두 쓰입니다. 셀 수 있는 명사인 경우 many로, 셀 수 없는 명사인 경우 much로 대신할 수 있습니다.

03 be from

유사 come from ~ 출신이다

~에서 오다, ~ 출신이다

Where **is** she **from**? 그녀는 어디에서 왔니? (그녀는 어디 출신이니?)

04 come home

집에 오다

You should **come home** early tonight.

넌 오늘 밤에 일찍 집에 와야 해.

05 every day

매일, 날마다

He eats fast food **every day** for lunch.

그는 날마다 점심으로 패스트푸드를 먹는다.

06 get up

일어나다

Jenny **gets up** at 7 o'clock.

Jenny는 7시에 일어난다.

07 go to

~에 가다

I will **go to** Seorak Mountain again this fall.

난 이번 가을에 또 설악산에 갈 거야.

 서술형이 쉬워지는 숙어

08 how much
how many

얼마나 많은 (가격이나 양을 물어볼 때)
얼마나 많은 (개수를 물어볼 때)

How much is it? 얼마예요?

How many pencils do you have?

너는 연필이 몇 자루 있니?

09 in fact

사실은

In fact, his secretary does all the work.

사실은, 그의 비서가 모든 일을 한다.

10	**in the world**	세상에서 There are still many hungry people **in the world.** 세상에는 아직도 굶주리는 사람들이 많아요.
11	**live in**	~에 살다 They **live in** a fine house. 그들은 멋진 집에서 산다.
12	**look for**	~을 찾다 They are **looking for** their dog. 그들은 그들의 개를 찾고 있다.
13	**make a mistake**	실수하다 I hope that you don't **make a mistake** tomorrow. 나는 네가 내일 실수하지 않기를 바란다.
14	**near here**	이 근처에 Is there a park **near here**? 이 근처에 공원이 있나요?
15	**next to** **유사** beside, by ~ 옆에	~ 옆에 My brother is standing **next to** the tree. 내 남동생은 나무 옆에 서 있다.
16	**on one's way to**	~로 가는 도중에, ~로 가는 길에 **On my way to** school, I met Tom's dad. 학교로 가는 길에, 나는 Tom의 아버지를 만났다.
17	**play with**	~와 놀다, ~을 가지고 놀다 He often **plays with** his friends. 그는 자주 친구들과 논다.
18	**sit down** **반대** stand up 일어서다	앉다 **Sit down**, please. 앉으세요.
19	**sound like** **비교** look like ~처럼 보이다, ~인 것 같다	~처럼 들리다, ~인 것 같다 It **sounds like** crying to me. 내게는 그것이 울음소리처럼 들린다.
20	**talk about** **유사** talk over ~에 대해 의논하다	~에 대해 이야기하다 We **talked about** many different things. 우리는 많은 다양한 것들에 대해 이야기했어요.

A 영어는 우리말로, 우리말은 영어로 써 봅시다.

1 a few

2 next to

3 how much

4 ~에 살다

5 ~에서 오다, ~ 출신이다

6 앉다

B 보기에서 알맞은 말을 찾아 문장을 완성해 봅시다.

> 보기   play with   a lot of   in the world   near here

1 There are _____ people at the party.
파티에 많은 사람들이 있구나.

2 There is a subway station _____.
이 근처에 지하철역이 있어.

3 What is the longest river _____?
세계에서 가장 긴 강이 뭐예요?

4 I often _____ my puppy in the park.
나는 종종 공원에서 나의 강아지와 논다.

C 우리말 뜻에 맞도록 빈칸에 알맞은 말을 써 봅시다.

1 You must get _____ early tomorrow.
너는 내일 일찍 일어나야 해.

2 The little girl is looking _____ her hat.
어린 소녀는 그녀의 모자를 찾고 있다.

3 _____ fact, I didn't study very hard.
사실, 난 그다지 열심히 공부하지 않았어.

4 I think you've made a _____ in the reading section.
나는 네가 독해 부분에서 실수를 했다고 생각해.

정답 A 1 약간의, 조금은 있는 2 ~ 옆에 3 얼마나 많은 (가격이나 양을 물어볼 때) 4 live in 5 be from 6 sit down   B
1 a lot of 2 near here 3 in the world 4 play with   C 1 up 2 for 3 In 4 mistake   D 1 in → about 2 for → to 3
sounds → sounds like   E 1 해변에 가자. 2 우리는 매일 영어를 공부한다. 3 그는 매우 늦게 집에 왔다.

D 문장에서 <u>잘못된</u> 부분을 찾아 바르게 고쳐 봅시다.

1 She will talk in this topic.

그녀가 이 주제에 대해 이야기할 거예요.

_____ → _____

2 I'm on my way for the library now.

나는 지금 도서관으로 가는 길이야.

_____ → _____

3 That sounds a wonderful plan.

그거 멋진 계획처럼 들리네요.

_____ → _____

E 문장의 뜻을 우리말로 바꾸어 봅시다.

1 Let's go to the beach.

→ _____

2 We study English every day.

→ _____

3 He came home very late.

→ _____

서술형이 쉬워지는 숙어를 이용하여 가판대에 있는 과일의 가격을 물어보는 문장을 완성해 봅시다. [유형 1. 가격 묻기]

1 _____ much is an apple?

2 _____ is a melon?

3 _____ a lemon?

4 How much _____ these oranges?

정답 1 How 2 How much 3 How much is 4 are
해석 1 사과 하나는 얼마예요? 2 멜론 하나는 얼마예요? 3 레몬 하나는 얼마예요? 4 이 오렌지들은 얼마예요?

9

01	**a couple of**	두 개의 ~, 두서넛의 ~
		I met him **a couple of** days ago.
		나는 그를 며칠 전에 만났어.

02	**arrive at[in]**	~에 도착하다
		I **arrived at** Incheon International Airport last night.
		나는 어젯밤에 인천 국제공항에 도착했다.

03	**be careful**	조심하다
		Please **be careful**! It's too sharp!
		제발 조심해요! 그건 너무 날카로워요!

| 04 | **be quiet** | 조용히 하다 |
| | | Will you please **be quiet**? 조용히 좀 해 주시겠어요? |

 ## 서술형이 쉬워지는 숙어

05	**by bus/bicycle/ subway**	버스/자전거/지하철을 타고
	비교 on foot 걸어서	Do you go to school **by bus**?
		넌 버스를 타고 학교에 가니?

| 06 | **come to** | ~에 오다 |
| | | Can you **come to** my house? 우리 집에 올 수 있니? |

| 07 | **do one's homework** | 숙제를 하다 |
| | | You must **do your homework**. 너는 숙제를 해야 해. |

08	**eat breakfast/lunch**	아침/점심을 먹다
	유사 have breakfast/lunch 아침/점심을 먹다	She **eats breakfast** at eight.
		그녀는 8시에 아침을 먹는다.

| 09 | **go to bed** | 잠자리에 들다 |
| | | I need to **go to bed** early tonight. 나는 오늘 밤에 일찍 자야 해. |

> **아하** go to bed를 직역하면 '침대에 가다'인데, 침대에 가는 본래 목적이 잠을 자기 위해서이므로 '잠자리에 들다'라는 뜻이 됩니다. 이때 bed 앞에 관사 the를 붙이지 않아야 해요. 유사하게 go to school은 '(수업 받으러) 학교에 가다'라는 뜻으로 사용됩니다.

| 10 | **have a vacation** | 휴가를 보내다 |
| | | **Have** a nice **vacation**! 휴가 잘 보내세요! |

11	**in the morning/ afternoon**	아침에 / 오후에 I go jogging early **in the morning**. 난 아침에 일찍 조깅하러 가.
12	**in time** 비교 on time 시간에 맞게, 정각에	제시간에, 늦지 않게 You'll get there **in time** if you hurry. 너는 서두르면 늦지 않게 그곳에 도착할 거야.
13	**keep in touch (with)**	(~와) 연락하다 Let's **keep in touch**. 연락하고 지내자.
14	**live with**	~와 함께 살다 I'd like to **live with** my parents. 난 부모님과 함께 살고 싶어.
15	**look at** 비교 look for ~을 찾다	~을 보다 **Look at** the picture. 그림 좀 봐.
16	**not ~ at all**	결코 ~ 아닌 He didn't like my decision **at all**. 그는 내 결정을 결코 좋아하지 않았다.
17	**on foot**	걸어서 He usually goes to work **on foot**. 그는 보통 걸어서 출근한다.
18	**right now** 유사 right away 지금 당장	지금 당장 I'm sorry, but we don't have it **right now**. 죄송하지만, 우린 지금 당장은 그것이 없어요.
19	**stay at**	~에 머무르다 You can **stay at** my house tonight. 오늘 밤 저희 집에 머무르셔도 됩니다.
20	**take a rest** 유사 have a rest 휴식을 취하다	휴식을 취하다, 쉬다 I need to **take a rest** now. 난 이제 좀 쉬어야겠어.

2nd

A 영어는 우리말로, 우리말은 영어로 써 봅시다.

1 look at

2 be quiet

3 on foot

4 두 개의 ~, 두서넛의 ~

5 ~에 머무르다

6 숙제를 하다

B 보기에서 알맞은 말을 찾아 문장을 완성해 봅시다. (필요하면 어형 등을 바꾸세요.)

> 보기   keep in touch   come to   eat lunch   arrive at

1 John is going to _____ the meeting very late.
John은 모임에 아주 늦게 도착할 예정이다.

2 She _____ Korea in 2012.
그녀는 2012년에 한국에 왔다.

3 Who wants to _____ with me?
누가 나와 함께 점심 먹을래?

4 I want to _____ with you, but I don't know how.
나는 너와 연락하고 싶지만 방법을 모르겠어.

C 우리말 뜻에 맞도록 빈칸에 알맞은 말을 써 봅시다.

1 Do your homework _____ now.
지금 당장 숙제를 해라.

2 I don't like this movie _____.
난 이 영화를 전혀 좋아하지 않아.

3 I must go home and _____ a rest.
난 집에 가서 좀 쉬어야겠어.

4 Please _____ careful. That's a very expensive cup.
조심해. 그거 아주 비싼 컵이거든.

정답 **A** 1 ~을 보다 2 조용히 하다 3 걸어서 4 a couple of 5 stay at 6 do one's homework **B** 1 arrive at 2 came to 3 eat lunch 4 keep in touch **C** 1 right 2 at all 3 take 4 be **D** 1 on → by 2 with → in 3 the morning → in the morning **E** 1 We had a good vacation. 2 He lives with his sister. 3 Did you go to bed early?

D 문장에서 잘못된 부분을 찾아 바르게 고쳐 봅시다.

1 She goes to work on subway. 그녀는 지하철을 타고 출근한다.

＿＿＿＿＿＿ → ＿＿＿＿＿＿

2 You'll be there with time if you hurry.

네가 서두르면 제시간에 거기에 도착할 거야.

＿＿＿＿＿＿ → ＿＿＿＿＿＿

3 Let's go jogging early the morning with me.

나와 함께 아침에 일찍 조깅하러 가자.

＿＿＿＿＿＿ → ＿＿＿＿＿＿

E 우리말을 영어로 바꾸어 봅시다. (주어진 말을 이용하세요.)

1 우리는 즐거운 방학을 보냈어. (good)

→ ＿＿＿＿＿＿＿＿＿＿＿＿＿＿＿

2 그는 그의 여동생과 함께 살아. (his sister)

→ ＿＿＿＿＿＿＿＿＿＿＿＿＿＿＿

3 너는 일찍 잠자리에 들었니? (early)

→ ＿＿＿＿＿＿＿＿＿＿＿＿＿＿＿

서술형이 쉬워지는 숙어를 이용하여 학생들의 등굣길을 묘사해 봅시다. 아래 그래프를 보고 문장을 완성하세요. [유형 2. 교통 수단 묘사하기]

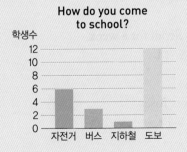

How do you come to school?

학생수

1 Six students come to school ＿＿＿＿＿＿ bicycle.

2 Three students come to school

＿＿＿＿＿＿ .

3 Only one student comes to school

＿＿＿＿＿＿ .

4 Twelve students come to school

＿＿＿＿＿＿ .

정답 1 by 2 by bus 3 by subway 4 on foot

해석 1 여섯 명의 학생들은 자전거를 타고 학교에 온다. 2 세 명의 학생들은 버스를 타고 학교에 온다. 3 한 명의 학생만이 지하철을 타고 학교에 온다. 4 열두 명의 학생들은 걸어서 학교에 온다.

Day 3

 60/1000

01 a bit
비교 a bit of 소량의 ~, 조금의 ~

조금, 약간
He was **a bit** late, but it was okay.
그는 약간 늦기는 했지만 괜찮았어.

02 at night

밤에
I listen to music **at night**.
난 밤에 음악을 들어.

03 be able to + 동사원형
유사 can + 동사원형 ~할 수 있다
반대 be unable to ~할 수 없다

~할 수 있다
I **was able to** attend all three lectures.
저는 그 세 개 강의에 모두 참석할 수 있었어요.

04 be late for

~에 늦다
I **was late for** school.
난 학교에 지각했어.

05 come to one's mind

(생각 등이) 떠오르다
What **comes to your mind** when you hear "volunteer work"?
너는 '자원봉사 활동'이라는 말을 들으면 뭐가 떠오르니?

06 do[get] exercise

운동하다
It's important to **do exercise** every day.
매일 운동하는 것이 중요하다.

07 do one's best
유사 try one's best
최선을 다해 보다

최선을 다하다
I'm sure he **did his best**.
난 그가 최선을 다했다고 확신해.

08 for a week

일주일 동안
I'm going to stay in Seoul **for a week**.
난 일주일 동안 서울에 머무를 거야.

09 for example
유사 for instance 예를 들면

예를 들면
For example, she likes roses.
예를 들면, 그녀는 장미꽃을 좋아해.

10 go to a movie
[go to the movies]

영화 보러 가다
Let's **go to a movie**!
영화 보러 가자!

14

11	**have a good time**	즐거운 시간을 보내다
	유사 have fun, enjoy oneself 즐겁게 보내다	I **had a good time** there. 난 거기서 즐거운 시간을 보냈어.

12	**join in**	~에 참가[참여]하다
	유사 take part in, participate in ~에 참가하다	Can I **join in** the game? 내가 그 경기에 참가해도 되니?

13	**like -ing**	~하는 것을 좋아하다
	유사 like to + 동사원형 ~하는 것을 좋아하다	He **likes** watching basketball games. 그는 농구 경기 보는 것을 좋아한다.

14	**look up**	~을 찾아보다
		Look up this word in the dictionary. 이 단어를 사전에서 찾아봐라.

서술형이 쉬워지는 숙어

15	**on + 요일**	~요일에
	비교 on + 요일-s ~요일마다	I have music and math **on Friday**. 나는 금요일에 음악과 수학 수업이 있어.

16	**on the Internet**	인터넷에서
		I was looking for some information **on the Internet**. 나는 인터넷에서 정보를 찾고 있었다.

17	**put A on B**	A를 B 위에 놓다
		She makes flowers with sugar and **puts** them **on** the cake. 그녀는 설탕으로 꽃을 만들어서 케이크 위에 얹는다.

> **이해** on 대신에 다른 전치사를 써서 다양하게 활용할 수 있습니다. 예를 들어, put A in[into] B는 'A를 B 안에 넣다', put A between B는 'A를 B 사이에 놓다'의 뜻이 됩니다.

18	**smile at**	~을 보고 미소 짓다
		A little boy is **smiling at** the camera. 어린 남자아이가 카메라를 보고 미소 짓고 있다.

19	**take a shower**	샤워를 하다
		Go and **take a shower** now! 지금 가서 샤워를 하렴!

20	**wake up**	(잠에서) 깨다
	비교 get up (잠자리에서) 일어나다	My dad **wakes up** early every morning. 우리 아빠는 매일 아침 일찍 잠이 깨셔.

A 영어는 우리말로, 우리말은 영어로 써 봅시다.

1 for example

2 do[get] exercise

3 smile at

4 즐거운 시간을 보내다

5 ~을 찾아보다

6 토요일에

B 보기에서 알맞은 말을 찾아 문장을 완성해 봅시다. (필요하면 어형 등을 바꾸세요.)

> 보기   on the Internet   be able to   a bit   take a shower

1 Mom, I'll go and _____ right now.
  엄마, 저 지금 당장 가서 샤워할게요.

2 Just study _____ harder.
  조금만 더 열심히 공부하렴.

3 I found it _____.
  난 그것을 인터넷에서 찾았어.

4 Susan _____ drive, but she doesn't have a car.
  Susan은 운전할 줄 알지만, 차를 가지고 있지 않다.

C 우리말 뜻에 맞도록 빈칸에 알맞은 말을 써 봅시다.

1 I can't sleep very well _____ night.
  나는 밤에 잠을 잘 잘 수가 없어.

2 I _____ dancing and listening to music.
  나는 춤추기와 음악 듣기를 좋아해.

3 Don't put this pencil _____ the desk.
  이 연필을 책상 위에 놓지 마라.

4 My sister wakes _____ at six every morning.
  내 여동생은 매일 아침 6시에 일어난다.

정답 A 1 예를 들면 2 운동하다 3 ~을 보고 미소 짓다 4 have a good time 5 look up 6 on Saturday **B** 1 take a shower 2 a bit 3 on the Internet 4 is able to **C** 1 at 2 like 3 on 4 up **D** 1 in → for 2 to → in 3 late → late for **E** 1 He went to the movies last night. 2 A good idea came to my mind. 3 I will do my best in everything.

16

D 문장에서 잘못된 부분을 찾아 바르게 고쳐 봅시다.

1 I was sick in a week. 나는 일주일 동안 아팠어.

_____ → _____

2 My mom joined to a marathon race. 엄마는 마라톤 대회에 참가하셨다.

_____ → _____

3 We won't be late the show. 우리는 공연에 늦지 않을 거야.

_____ → _____

E 우리말 뜻에 맞도록 주어진 말을 배열해 봅시다.

1 그는 어젯밤에 영화를 보러 갔었다.

→ _____

(He, to, the movies, went, last night)

2 내게 좋은 생각이 떠올랐어.

→ _____

(came, my, A good idea, to, mind)

3 나는 모든 일에 최선을 다할 것이다.

→ _____

(everything, I will, in, my, do, best)

서술형이 쉬워지는 숙어를 이용하여 도서관의 운영 시간에 대해 써 봅시다.

아래 글을 읽고 문장을 완성하세요. [유형 3. 정보 파악하기]

> 도서관은 월요일부터 토요일까지 엽니다. 운영 시간은 아침 9시부터 오후 5시까지이지만, 수요일에는 아침 10시에 문을 열고, 토요일에는 오후 4시에 문을 닫습니다.

1 The library opens at 10 a.m. _____ Wednesday.

2 The library closes at 4 p.m. _____.

3 The library doesn't open _____.

정답 1 on 2 on Saturday 3 on Sunday
해석 1 도서관은 수요일에 아침 10시에 엽니다. 2 도서관은 토요일에 오후 4시에 닫습니다. 3 도서관은 일요일에는 열지 않습니다.

Day 4

01 a little
비교 a few 약간

약간의, 조금은 있는
I have **a little** money. 내게 돈이 약간 있다.

> **이해** a little은 money, water, milk 등 셀 수 없는 명사 앞에 쓰이고, a few 는 pen, day, car 등 셀 수 있는 명사 앞에 쓰입니다. 관사 a 없이 little 이라고 하면 '거의 없는'으로 부정의 의미가 되므로 주의해야 합니다.

02 after school

방과 후에
Let's play baseball **after school!**
방과 후에 야구를 하자!

03 be born

태어나다
I **was born** in July. 저는 7월에 태어났어요.

04 come in[into]
반대 go out 나가다

안으로 들어오다
Please, **come in**. 안으로 들어오세요.

05 dance with

~와 춤을 추다
Dad is **dancing with** mom.
아빠는 엄마와 춤을 추고 계세요.

06 each other
유사 one another 서로

서로
We loved **each other** so much.
우린 서로를 무척 사랑했어요.

 ## 서술형이 쉬워지는 숙어

07 enjoy -ing

~하는 것을 즐기다
I **enjoy** listening to music. 난 음악을 즐겨 들어.

08 get together

함께 모이다
Why don't we **get together** some time?
우리 언제 한번 모이는 게 어때?

09 go out

나가다, 외출하다
You must not **go out** and play. 너는 나가서 놀면 안 돼.

10 in class

수업 중인
We should not use our smartphones **in class**.
우리는 수업 중에 스마트폰을 사용해서는 안 된다.

11 know about[of]

~에 대해서 알다

I'd like to **know about** your culture.

저는 당신의 문화에 대해 알고 싶습니다.

12 laugh at

~을 비웃다; ~을 듣고 웃다

Stop **laughing at** me. I'm serious!

나 좀 그만 놀려! 난 심각하다고!

13 listen to

~을 (귀 기울여) 듣다

Who wants to **listen to** the song *Arirang*?

누가 '아리랑' 노래 듣고 싶니?

14 now and then

유사 from time to time 때때로

때때로, 이따금

They go to the movies together **now and then**.

그들은 때때로 함께 영화 보러 간다.

15 ride a bike

자전거를 타다

He cannot **ride a bike**.

그는 자전거를 못 탄다.

16 run to

~로 달려가다

Let's **run to** school!

학교까지 달려가자!

17 sit on

~에 앉다

You're **sitting on** my chair.

당신은 제 의자에 앉아 있어요.

18 slow down

속도를 줄이다

You have to **slow down** here.

여기서는 속도를 줄여야 해요.

19 try to + 동사원형

비교 try -ing
(시험 삼아) ~해 보다

~하려고 노력하다

Try to be a good scientist like your father.

너희 아버지처럼 훌륭한 과학자가 되도록 노력하렴.

> **이해** 「try to+동사원형」과 「try -ing」는 나타내는 뜻이 다르므로 주의해야 합니다. She tries to write a book.은 '그녀는 책을 쓰려고 노력한다.'의 뜻이지만, She tries writing a book.은 '그녀는 시험 삼아 책을 써 보려고 한다.'는 의미에 가까워요.

20 watch out (for)

유사 look out (for)
(~을) 조심하다

(~을) 조심하다, (~을) 주의하다

Watch out for the cars!

차 조심해라!

A 영어는 우리말로, 우리말은 영어로 써 봅시다.

1 after school

2 listen to

3 slow down

4 나가다, 외출하다

5 수업 중인

6 때때로, 이따금

B 보기에서 알맞은 말을 찾아 문장을 완성해 봅시다. (필요하면 어형 등을 바꾸세요.)

> 보기   a little   be born   try to   know about

1 Mr. Davis is _____ sell his old car.
Davis 씨는 그의 오래된 자동차를 팔려고 노력하고 있다.

2 She put _____ sugar in her coffee.
그녀는 커피에 약간의 설탕을 넣었다.

3 Of course I _____ her.
물론 저는 그녀에 대해 알고 있어요.

4 I _____ in Busan, but I live in Daegu now.
저는 부산에서 태어났지만, 지금은 대구에서 살아요.

C 우리말 뜻에 맞도록 빈칸에 알맞은 말을 써 봅시다.

1 They laughed _____ my haircut.
그들은 내 머리 모양을 보고 웃었다.

2 My friend and I always help each _____.
내 친구와 나는 항상 서로 돕는다.

3 I have to _____ school now. I'm late.
난 지금 학교에 달려가야 해. 늦었거든.

4 Please come _____ and sit down.
들어오셔서 앉으세요.

정답 **A** 1 방과 후에 2 ~을 (귀 기울여) 듣다 3 속도를 줄이다 4 go out 5 in class 6 now and then **B** 1 trying to 2 a little 3 know about 4 was born **C** 1 at 2 other 3 run to 4 in[into] **D** 1 to → on 2 danced → danced with 3 in → out **E** 1 우리는 일요일마다 함께 모인다. 2 그녀는 자전거를 타고 학교에 간다. 3 나는 등산하는 것을 즐긴다.

20

D 문장에서 잘못된 부분을 찾아 바르게 고쳐 봅시다.

1 The cat doesn't sit to my chair. 그 고양이는 내 의자에 앉지 않는다.

   _____ → _____

2 She danced a handsome boy. 그녀는 잘생긴 남자아이와 함께 춤을 추었다.

   _____ → _____

3 Watch in for children running into the street. 길로 뛰어드는 아이들을 주의하세요.

   _____ → _____

E 문장의 뜻을 우리말로 바꾸어 봅시다.

1 We get together every Sunday.

   → _____

2 She rides a bike to school.

   → _____

3 I enjoy climbing mountains.

   → _____

서술형이 쉬워지는 숙어를 이용하여 취미에 대해 써 봅시다. 각 그림 속 사람들의 취미가 무엇일지 문장을 완성하세요. [유형 4. 취미 말하기]

1 Hyuna _____ hip-hop dancing.

2 Chris _____ cooking delicious food.

3 The children _____ songs together.

정답 1 enjoys 2 enjoys 3 enjoy singing
해석 1 현아는 힙합 댄스 추는 것을 즐긴다. 2 Chris는 맛있는 음식을 요리하는 것을 즐긴다. 3 아이들은 같이 노래 하는 것을 즐긴다.

01	**a cup of**	~ 한 잔

Can I have **a cup of** coffee?
커피 한 잔 마실 수 있을까요?

> **이해** 커피나 차 같은 따뜻한 음료는 보통 cup(컵, 잔)으로 세고, 물이나 우유, 주스 같은 차가운 음료는 보통 glass(유리잔)로 세요. 참고로 '커피 두 잔'은 two cups of coffee라고 표현합니다.

---

02 after lunch/dinner　　점심/저녁 식사 후에

I usually listen to music **after lunch**.
난 대개 점심 식사 후에 음악을 들어.

---

03 at first　　처음에는

비교 for the first time 처음으로

I was nervous **at first**.　저는 처음엔 불안했어요.

---

04 be proud of　　~을 자랑스럽게 여기다

유사 take pride in
~을 자랑스러워 하다

Be proud of yourself.
네 자신을 자랑스럽게 여기렴.

---

05 be ready for　　~할 준비가 되다

유사 be ready to+동사원형
~할 준비가 되다

She is not **ready for** the test.
그녀는 시험을 볼 준비가 되어 있지 않다.

---

06 come for　　~하러 오다

비교 come to ~에 오다

Would you like to **come for** dinner?
저녁 먹으러 올래요?

---

07 fly to　　~로 날아가다, 비행기로 ~로 가다

A bird can **fly to** faraway countries.
새는 멀리 있는 나라들로 날아갈 수 있다.

---

08 get on　　(탈 것에) 타다

반대 get off (탈 것에서) 내리다

I couldn't **get on** the bus because it was too crowded.
버스가 너무 붐벼서 탈 수 없었어.

---

09 go -ing　　~하러 가다

I'll **go** shopping this afternoon.
난 오늘 오후에 쇼핑하러 갈 거야.

---

10 have a seat　　자리에 앉다

Please **have a seat**.　자리에 앉으세요.

11	**help A with B**	A가 B하는 것을 돕다 Can you **help** me **with** this report? 내가 이 보고서 쓰는 것 좀 도와줄 수 있니?

12	**in trouble**	곤란에 처한 If you get **in trouble**, you can always talk to me. 곤란에 처하게 되면, 언제든지 나에게 말하렴.

13	**leave for** **비교** leave A for B A를 떠나 B로 향하다	~를 향해 떠나다[출발하다] I **leave for** Jeonju this morning. 나는 오늘 아침 전주로 떠난다.

14	**long ago**	오래 전에 I quit playing computer games **long ago**. 난 오래 전에 컴퓨터 게임 하는 것을 끊었다.

15	**make a plan**	계획을 세우다 Think ahead, and **make a plan**. 미리 생각하고, 계획을 세워라.

16	**many of (the)**	많은 ~ **Many of the** students wanted to take a rest. 많은 학생들이 쉬고 싶어 했다.

17	**on one's own**	스스로, 혼자 힘으로 He did the work **on his own**. 그는 혼자 힘으로 그 일을 했다.

18	**put on** **반대** take off (옷, 신발 등을) 벗다	(옷, 신발 등을) 입다[신다/쓰다] I **put on** my favorite clothes. 난 내가 좋아하는 옷을 입었다.

19	**take care of** **유사** look after, care for ~을 돌보다	~을 돌보다 Let me **take care of** your fish. 네 물고기들을 내가 돌봐 줄게.

 ## 서술형이 쉬워지는 숙어

20	**want to + 동사원형**	~을 하고 싶다 I **want to** visit my grandmother this weekend. 나는 이번 주말에 할머니를 뵙고 싶다.

5th

A 영어는 우리말로, 우리말은 영어로 써 봅시다.

1 long ago

2 go -ing

3 want to

4 자리에 앉다

5 ~을 돌보다

6 계획을 세우다

B 보기에서 알맞은 말을 찾아 문장을 완성해 봅시다.

보기	proud of	a cup of	leave for	in trouble

1 Would you like _____ tea?
   차 한 잔 드시겠어요?

2 I am very _____ Hangeul.
   나는 한글이 아주 자랑스러워.

3 If I don't get home by 10 o'clock, I'll be _____.
   만약 내가 10시까지 집에 안 들어가면, 난 곤란에 처할 거야.

4 We should _____ the airport at 3 p.m.
   우리는 오후 3시에 공항으로 출발해야 해.

C 우리말 뜻에 맞도록 빈칸에 알맞은 말을 써 봅시다.

1 _____ lunch I played soccer with my friends.
   점심 식사 후에 나는 친구들과 축구를 했다.

2 Many _____ the students go to school by subway.
   많은 학생들이 지하철로 등교한다.

3 At _____ I thought she was shy.
   나는 처음에는 그녀가 수줍어한다고 생각했다.

4 I like studying _____ my own.
   저는 혼자 공부하는 것이 좋아요.

정답 A 1 오래 전에 2 ~하러 가다 3 ~을 하고 싶다 4 have a seat 5 take care of 6 make a plan B 1 a cup of
2 proud of 3 in trouble 4 leave for C 1 After 2 of 3 first 4 on D 1 flied → flied to 2 in → on 3 off → on E 1
I am ready for the interview. 2 He will come for dinner this Saturday. 3 You can help me with math.

문장에서 **잘못된 부분**을 찾아 바르게 고쳐 봅시다.

1 I flied Korea from America. 난 미국에서 한국으로 비행기를 타고 왔다.

_____ → _____

2 I like to put in my red shoes when I go out.
나는 외출할 때 빨간 신발을 신는 것을 좋아한다.

_____ → _____

3 We should get off the ship. 우린 배에 타야 해.

_____ → _____

E 우리말 뜻에 맞도록 주어진 말을 배열해 봅시다.

1 나는 면접을 볼 준비가 되어 있다.

→ _____

(am, the interview, for, ready, I)

2 그는 이번 주 토요일에 저녁 식사 하러 올 것이다.

→ _____

(come, for, He will, this Saturday, dinner)

3 너는 내가 수학 하는 것 좀 도와줄 수 있잖아.

→ _____

(math, You can, me, with, help)

서술형이 쉬워지는 숙어를 이용하여 가 보고 싶은 여행지에 대해 써 봅시다. 아래 글을 읽고 밑줄 친 부분을 바르게 고쳐 쓰세요. [유형 5. 소망 나타내기]

My summer vacation is coming up. I want <u>visit</u> Jejudo this summer. I <u>want going</u> there with my family. I enjoy swimming and I can swim in the sea there. I <u>want ate</u> famous seafood from Jejudo.

1 visit
→ _____

2 want going
→ _____

3 want ate
→ _____

정답 1 to visit 2 want to go 3 want to eat
해석 여름 방학이 다가오고 있다. 나는 이번 여름에 제주도를 방문하고 싶다. 나는 우리 가족과 함께 그곳에 가고 싶다. 나는 수영하는 것을 즐기고, 거기에서는 바다에서 수영할 수 있다. 나는 제주도의 맛있는 해산물을 먹고 싶다.

01 at the moment

지금, 그때

I'm afraid he is in a meeting **at the moment**.

죄송하지만, 그는 지금 회의 중입니다.

02 be happy with

~으로 행복하다, ~에 만족하다

I **am happy with** the result.

저는 그 결과에 만족해요.

03 because of

유사 due to ~ 때문에

~ 때문에

Many students were absent **because of** the flu.

많은 학생들이 독감 때문에 결석하였다.

04 calm down

진정시키다, 진정하다

Calm down, tell me slowly.

진정하고, 천천히 말해 봐.

05 cook A for B

유사 cook B A
    B에게 A를 요리해 주다

B에게 A를 요리해 주다

Yumi is going to **cook** dinner **for** us this evening.

유미가 오늘 저녁 우리에게 저녁을 요리해 줄 거야.

06 do[wash] the dishes

설거지하다

Can you help me **do the dishes**?

설거지 좀 도와줄래요?

07 eat out

유사 dine out 외식하다

외식하다

Do you want to **eat out** tonight?

오늘 저녁 외식 할래?

08 for fun

재미로

We joined La Tomatina festival **for fun**.

우리는 재미로 토마토 축제에 참여했다.

09 forget to + 동사원형

비교 forget -ing ~한 것을 잊다

~할 것을 잊다

Don't **forget to** take your umbrella.

우산 가져가는 거 잊지 마.

> 이해 「forget to+동사원형」과 「forget -ing」에는 의미상의 차이가 있습니다. 「forget to+동사원형」은 '(앞으로) ~할 것을 잊다', 「forget -ing」는 '(과거에) ~한 것을 잊다'라는 뜻이니 구분해서 사용하세요.

10 go after

~ 뒤를 쫓다; ~을 목표로 하다

He walked out, and Louise **went after** him.

그가 밖으로 나가자, Louise가 그의 뒤를 쫓았다.

11 **go straight**

곧장 가다
Go straight down this street.
이 길을 따라 곧장 가세요.

 ## 서술형이 쉬워지는 숙어

12 **how long**

얼마 동안, 얼마나 오래
How long will you be here?
당신은 얼마 동안 여기에 있을 거예요?

13 **keep up**

비교 keep up with (뉴스, 유행 등에) 뒤떨어지지 않다

~을 계속하다, ~을 유지하다
Keep up the good work!
앞으로도 계속 잘해 주세요!

14 **last month/week/ year**

지난달에 / 지난주에 / 작년에
I came here last month.
나는 지난달에 여기에 왔다.

15 **look around**

둘러보다
Come on in and look around.
들어와서 둘러보세요.

16 **make a friend**

친구를 사귀다
I'd like to make many new friends here.
저는 여기서 새 친구들을 많이 사귀고 싶어요.

17 **on the top**

반대 on the bottom 맨 아래에

맨 위에, 꼭대기에
Put the cherry on the top.
체리를 꼭대기에 얹어라.

18 **stand up**

반대 sit down 앉다

일어서다
Stand up, please.
일어서 주세요.

19 **start with**

~으로 시작하다
Start with something small that you can do easily.
네가 쉽게 할 수 있는 작은 일로 시작해라.

20 **thanks to**

~ 덕분에
Thanks to her help, I finished the work on time.
그녀의 도움 덕분에, 나는 그 일을 제 시간에 끝냈다.

A 영어는 우리말로, 우리말은 영어로 써 봅시다.

1 forget to+동사원형

2 for fun

3 look around

4 작년에

5 친구를 사귀다

6 ~ 덕분에

B 보기에서 알맞은 말을 찾아 문장을 완성해 봅시다.

> 보기 at the moment   wash the dishes   calm down   stand up

1 We have to _____ first to bow to our teachers.
우리는 선생님들께 인사하기 위해 우선 일어서야 한다.

2 Sorry, he's not in _____.
죄송하지만, 그는 지금 부재 중입니다.

3 Just _____, relax and do your best!
좀 진정하고 긴장을 풀고 최선을 다해 봐!

4 Thanks for the dinner. Now let me _____.
저녁 식사 고마워. 이제 설거지는 내가 할게.

C 우리말 뜻에 맞도록 빈칸에 알맞은 말을 써 봅시다.

1 Let's eat _____ tonight. There is a nice restaurant downtown.
오늘 저녁에 외식하자. 시내에 근사한 식당이 있어.

2 I stayed at home all day because _____ rain.
나는 비 때문에 하루 종일 집에 있었다.

3 How _____ will it take to get there?
거기까지 가는 데 얼마나 걸릴까요?

4 Maybe we can cook something _____ him.
아마 우리가 그에게 뭔가를 요리해 줄 수 있을 거야.

정답 A 1 ~할 것을 잊다 2 재미로 3 둘러보다 4 last year 5 make a friend 6 thanks to B 1 stand up 2 at the moment 3 calm down 4 wash the dishes C 1 out 2 of 3 long 4 for D 1 from → on 2 of → with 3 happy → happy with E 1 먼저 가세요. 제가 뒤쫓아 가겠습니다. 2 페이스를 유지하기만 하면 네가 우승할 거야. 3 슈퍼마켓이 보일 때까지 곧장 가세요.

D 문장이나 대화에서 잘못된 부분을 찾아 바르게 고쳐 봅시다.

1 Let's put the star from the top of the Christmas tree.
크리스마스트리 꼭대기에 별을 달자.

_____ → _____

2 Give me your answers, starting of Kevin.
Kevin으로 시작해서 답을 내세요.

_____ → _____

3 A: How was the school meal today? 오늘 학교 급식 어땠니?
B: I wasn't happy the menu. 메뉴가 만족스럽지 않았어요.

_____ → _____

E 문장의 뜻을 우리말로 바꾸어 봅시다.

1 Please go first. I'll go after you.

→ _____

2 Just keep up the pace and you'll win.

→ _____

3 Go straight until you see a supermarket.

→ _____

서술형이 쉬워지는 **숙어**를 이용하여 각 도시로 이동하는 데 시간이 얼마나 걸리는지 물어보는 문장을 완성해 봅시다. [유형 6. 소요시간 묻기]

출발지	목적지	출발 시각	도착 시각
서울	전주	14:00	15:50
서울	강릉	15:30	17:30
서울	부산	17:40	20:20

1 How _____ does it take to get to Jeonju?

2 _____ does it take to get to Gangnueng?

3 _____ does it take to get to Busan?

정답 1 long 2 How long 3 How long
해석 1 전주까지 가는 데 얼마나 걸리나요? 2 강릉까지 가는 데 얼마나 걸리나요? 3 부산까지 가는 데 얼마나 걸리나요?

01 all the time

항상

We cannot study **all the time**.

우리가 항상 공부만 할 수는 없잖아.

02 at once

유사 right now 지금 당장

즉시

You should start the work **at once**.

너는 그 일을 즉시 시작해야 해.

03 be sorry about

비교 feel[be] sorry for
~를 안쓰럽게 여기다

~에 대해 유감이다, 죄송하게 여기다

I am **sorry about** what happened last night.

어젯밤에 있었던 일은 유감이야.

04 come back

돌아오다

You must **come back** next spring.

당신은 내년 봄에 꼭 돌아와야 해요.

05 day and night

밤낮으로

The baby cried **day and night**.

그 아기는 밤낮으로 울었다.

06 get out of

유사 get off (탈 것에서) 내리다

~에서 나가다; ~에서 내리다

Please **get out of** the building.

건물에서 나가 주세요.

07 give A to B

비교 give B A B에게 A를 주다

B에게 A를 주다

She **gave** some cookies **to** me. 그녀는 나에게 쿠키를 좀 주었다.

> **이해** give A to B는 give B A로 바꾸어 쓸 수 있어요. 여기서 to는 전치사이며, '~에게'라는 뜻입니다. 위 문장을 바꾸어 보면, She gave me some cookies.가 되고 의미는 같답니다.

08 go for a walk

유사 take a walk 산책하다

산책하러 가다

We worked hard and **went for a walk**.

우리는 열심히 일한 후에 산책하러 갔다.

09 have a game

경기를[시합을] 하다

We **had a** great **game**. 우리는 멋진 경기를 했어요.

10 have a problem with

~에 문제가 있다

I **have a problem with** my classmates.

저는 반 친구들과 문제가 있어요.

11	**hold on**	(주로 전화 통화에서) 기다리다
		Hold on a second, please.
		잠깐만 기다려 주세요.

12	**introduce oneself** **비교** introduce A to B A를 B에게 소개하다	자신을 소개하다
		Let me **introduce myself**.
		제 소개를 하겠습니다.

13	**jump into**	~로 뛰어들다
		We all **jumped into** the water.
		우린 모두 물속으로 뛰어들었다.

14	**miss a class**	수업에 빠지다
		I got up late and **missed a class**.
		저는 늦게 일어나서 수업에 빠졌어요.

 ## 서술형이 쉬워지는 숙어

15	**one ~, the other ...**	(둘 중) 하나는 ~, 나머지 하나는 ⋯
		One is mine, and **the other** is my brother's.
		하나는 내 것이고, 나머지 하나는 형의 것이다.

16	**see a doctor**	의사의 진찰을 받다
		You must **see a doctor**.
		넌 의사의 진찰을 받아야 해.

17	**speak to**	~와 이야기를 하다
		Can I **speak to** you right now?
		지금 당신과 이야기를 할 수 있을까요?

18	**take a bus/taxi**	버스/택시를 타다
		We will **take a bus** to the zoo.
		우리는 버스를 타고 동물원에 갈 것이다.

19	**think of[about]**	~을 생각하다, ~을 생각해 내다
		What do you **think of** Korean people?
		당신은 한국 사람들에 대해 어떻게 생각하세요?

20	**turn on** **반대** turn off (전기, 가스, 수도 등을) 끄다, 잠그다	(전기, 가스, 수도 등을) 켜다, 틀다
		Turn on your computer.
		네 컴퓨터를 켜라.

A 영어는 우리말로, 우리말은 영어로 써 봅시다.

1 have a problem with

2 come back

3 all the time

4 의사의 진찰을 받다

5 (전기, 가스, 수도 등을) 켜다, 틀다

6 ~을 생각하다, ~을 생각해 내다

B 보기에서 알맞은 말을 찾아 문장을 완성해 봅시다. (필요하면 어형 등을 바꾸세요.)

보기	day and night	speak to	the other	have a game

1 May I _____ Mr. Smith?
Smith 씨와 이야기를 할 수 있을까요?

2 Mike _____ with his cousins yesterday.
Mike는 어제 사촌들과 경기를 했다.

3 They care for their baby _____.
그들은 아기를 밤낮으로 돌본다.

4 One is a rose and _____ is a tulip.
하나는 장미이고 나머지 하나는 튤립이다.

C 우리말 뜻에 맞도록 빈칸에 알맞은 말을 써 봅시다.

1 She got out _____ the car. 그녀는 차에서 내렸다.

2 Now I'd like to introduce _____. 이제 제 소개를 할게요.

3 He jumped _____ a taxi and rushed to the station.
그는 택시에 뛰어들어 타고는 역으로 서둘러 갔다.

4 A: I'm afraid this is not what I've ordered.
이것은 제가 주문한 물건이 아닌 것 같은데요.

B: I'm so sorry _____ that. Let me exchange it for you.
그 점에 대해 정말 죄송해요. 교환해 드리겠습니다.

정답 A 1 ~에 문제가 있다 2 돌아오다 3 항상 4 see a doctor 5 turn on 6 think of[about] B 1 speak to 2 had a game 3 day and night 4 the other C 1 of 2 myself 3 into 4 about D 1 have → take 2 in → on 3 to → for E 1 I never miss a class. 2 Start at once. 3 His sister gave a birthday present to him.[His sister gave him a birthday present.]

D 문장에서 <u>잘못된</u> 부분을 찾아 바르게 고쳐 봅시다.

1 Let's have a taxi. 우리 택시를 타자.

   _____ → _____

2 Hold in. I'll tell you all about her later.

   기다려요. 나중에 그녀에 대해 모두 이야기해 줄게요.

   _____ → _____

3 My father likes to go to a walk. 아버지는 산책하러 가시는 걸 좋아하셔.

   _____ → _____

E 우리말을 영어로 바꾸어 봅시다.

1 나는 결코 수업에 빠지지 않는다.

   → _____

2 즉시 시작해라.

   → _____

3 그의 여동생은 그에게 생일 선물을 주었다.

   → _____

서술형이 쉬워지는 숙어를 이용하여 두 고양이를 비교해 봅시다. 그림을 보고,
두 고양이의 차이점을 묘사하는 문장을 완성하세요. [유형 7. 차이점 묘사하기]

1 One is tall, and _____ is short.

2 _____ has black hair, and _____ has gray hair.

3 One has a short tail, and _____.

정답 1 the other 2. One, the other 3 the other has a long tail
해석 1 하나는 키가 크고, 다른 하나는 키가 작다. 2 하나는 까만 털을 가졌고, 다른 하나는 회색 털을 가졌다.
3 하나는 꼬리가 짧고, 다른 하나는 꼬리가 길다.

01 a day/week/month

하루에/한 주에/한 달에
He washes his face twice **a day**.
그는 하루에 두 번 세수를 한다.

02 a piece of

~ 한 조각, ~ 한 장
I need **a piece of** paper to write this down.
나는 이것을 적어 둘 종이 한 장이 필요해.

> 아하 a piece of는 bread, paper, meat, cake 등과 같이 셀 수 없는 명사
> 에 붙어서 그 수량을 나타낼 때 사용합니다. 두 개 이상이면 pieces of
> 로 표현해요.

03 at last
유사 finally, after all 마침내

마침내, 드디어
At last my dream has come true.
마침내 내 꿈이 실현되었다.

04 begin with

~으로[에서] 시작하다
Let's **begin with** simple exercise.
간단한 운동으로 시작하자.

05 brush one's teeth

이를 닦다
I **brush my teeth** three times a day.
나는 하루에 세 번 이를 닦는다.

06 catch a cold
유사 have a cold 감기에 걸리다

감기에 걸리다
He **catches a cold** every winter.
그는 겨울마다 감기에 걸린다.

07 close one's eyes

눈을 감다
Please **close your eyes** first.
먼저 눈을 감으세요.

08 dress like

~처럼 옷을 입다
The child **dressed like** a rabbit.
아이가 토끼처럼 옷을 입었다.

09 find out

알아내다, 찾아내다
Let's **find out** the answer. 우리 정답을 알아내 보자.

10 from now on

이제부터 (계속)
From now on I'll be on time. 이제부터 시간을 꼭 지킬게.

11	**get married**	결혼하다 They will **get married** soon. 그들은 곧 결혼할 것이다.
12	**give ~ a hand** 유사 help A with B A가 B하는 것을 돕다	~를 도와주다 I'm lost. Could you **give** me **a hand**? 길을 잃었어요. 저 좀 도와주시겠어요?

 ## 서술형이 쉬워지는 숙어

13	**how often** 유사 how many times 몇 번	얼마나 자주 (빈도를 물을 때) **How often** do you eat out? 얼마나 자주 외식하시나요?
14	**instead of**	~ 대신에, ~하지 않고 Tina walks to school **instead of** taking a bus. Tina는 버스를 타는 대신에 걸어서 학교에 간다.
15	**introduce A to B** 비교 introduce oneself 자신을 소개하다	A를 B에게 소개하다 Can you **introduce** me **to** John? 저를 John에게 소개해 주실 수 있나요?
16	**one by one**	하나씩, 한 명씩 We got off the bus **one by one**. 우리는 한 명씩 버스에서 내렸다.
17	**solve a problem**	문제를 풀다 How do we **solve a problem** like air pollution? 대기 오염과 같은 문제를 어떻게 해결하나요?
18	**stay (at) home** 비교 stay out 밖에 있다	집에 있다[머물다] She **stayed home** all day. 그녀는 하루 종일 집에 있었다.
19	**take a break** 유사 take a rest 쉬다	잠깐 쉬다 Let's **take a break** before we go. 가기 전에 잠깐 쉬자.
20	**tell A about B**	A에게 B에 대해서 이야기해 주다 **Tell** me **about** your family. 나한테 너희 가족에 대해서 얘기해 주렴.

A 영어는 우리말로, 우리말은 영어로 써 봅시다.

1 at last

2 solve a problem

3 catch a cold

4 잠깐 쉬다

5 눈을 감다

6 ~으로[에서] 시작하다

B 보기에서 알맞은 말을 찾아 문장을 완성해 봅시다.

| 보기 | how often | get married | instead of | pieces of |

1 Did you hear Sean and Jane will _____ in June?
   Sean과 Jane이 6월에 결혼한다는 얘기 들었니?

2 They need three _____ bread.
   그들은 빵 세 조각이 필요하다.

3 Try to drink milk _____ cola.
   콜라 대신 우유를 마시도록 노력해 봐.

4 _____ do you go for a walk?
   너는 얼마나 자주 산책하러 가니?

C 우리말 뜻에 맞도록 빈칸에 알맞은 말을 써 봅시다.

1 She will eat more fruits from now _____.
   이제부터 그녀는 과일을 더 많이 먹을 것이다.

2 Mark introduced his best friend _____ me.
   Mark는 나에게 그의 가장 친한 친구를 소개해 주었다.

3 Tomorrow we're staying _____ all day.
   내일 우리는 온종일 집에 있을 거예요.

4 Can you give me a _____, please?
   나 좀 도와줄 수 있니?

정답 **A** 1 마침내, 드디어 2 문제를 풀다 3 감기에 걸리다 4 take a break 5 close one's eyes 6 begin with **B** 1 get married 2 pieces of 3 instead of 4 How often **C** 1 on 2 to 3 (at) home 4 hand **D** 1 to → out 2 for → by 3 about me → me about **E** 1 We have English four times a week. 2 She brushes her teeth every night. 3 I want to dress like Spiderman at the party.

D 문장에서 잘못된 부분을 찾아 바르게 고쳐 봅시다.

1 I tried to find to the password. 나는 비밀번호를 알아내려고 노력했다.

_____ → _____

2 He counted the sheep one for one. 그는 양을 한 마리씩 세었다.

_____ → _____

3 Can you tell about me your friend, Jimin?
나에게 네 친구 지민이에 대해서 말해 줄래?

_____ → _____

E 우리말 뜻에 맞도록 주어진 말을 배열해 봅시다.

1 우리는 일주일에 네 번 영어 수업이 있다.

→ _____

(have, four times, English, We, week, a)

2 그녀는 매일 밤 이를 닦는다.

→ _____

(brushes, every night, her, teeth, She)

3 나는 파티에서 스파이더맨처럼 입고 싶어.

→ _____

(I, want to, like, dress, at the party, Spiderman)

서술형이 쉬워지는 숙어를 사용하여 치아의 건강 상태를 확인하는 문진표를 완성해 봅시다. [유형 8. 빈도 묻기]

Welcome to Bright Smile Dentist!

1 How _____ do you brush your teeth a day?

2 _____ do you drink cola?

3 _____ do you eat candies and chocolates?

4 _____ go to the dentist?

정답 1 often 2 How often 3 How often 4 How often do you
해석 환한 미소 치과에 오신 것을 환영합니다! 1 하루에 얼마나 자주 이를 닦습니까? 2 얼마나 자주 콜라를 마십니까? 3 얼마나 자주 사탕과 초콜릿을 먹습니까? 4 얼마나 자주 치과에 갑니까?

01 act like

~처럼 행동하다

He always **acts like** a gentleman.

그는 언제나 신사처럼 행동한다.

> **이해** act like에서 like는 '~을 좋아하다'라는 뜻의 동사가 아니라 '~ 같이', '~처럼'이라는 뜻의 전치사입니다. 따라서 그 뒤에는 명사, 대명사, 동명사가 와야 해요.

02 all right

괜찮은

Is everything **all right**? 모든 게 괜찮은 거죠?

03 be full

비교 be full of ~으로 가득 차다

배가 부르다

I'm **full** and feel sleepy.

저는 배가 부르고 졸려요.

04 be kind to

~에게 친절하다

Bomi is very **kind to** me.

보미는 저에게 매우 친절해요.

05 come over

건너오다; (멀리서) 오다

Will you **come over** to my house for lunch?

점심 먹으러 우리 집으로 건너올래요?

06 cross the street

유사 cross the road
길을 건너다

길을 건너다

We should **cross the street** here.

우리는 여기서 길을 건너야 해.

07 do anything

무엇이든 하다

You can **do anything**! 너는 무엇이든 할 수 있어!

08 feel at home

편안하게 느끼다

I **feel at home** when I'm here with you.

난 너와 함께 이곳에 있으면 마음이 편해.

09 for oneself

비교 by oneself 혼자서

혼자 힘으로, 스스로

You can do it **for yourself**.

너는 혼자 힘으로 그것을 할 수 있어.

10 get a job

취직하다

You should **get a job** to earn money.

네가 돈을 벌기 위해서는 취직을 해야 해.

11	**grow up** **비교** grown-up 어른	성장하다, 자라다 I want to be a nurse when I **grow up**. 난 자라서 간호사가 되고 싶어.
12	**have a party**	파티를 하다 Steve and his friends are **having a party**. Steve와 그의 친구들은 파티를 하는 중이다.
13	**invite A to B**	A를 B에 초대하다 I want to **invite** you **to** dinner tonight. 오늘 저녁 식사에 당신을 초대하고 싶어요.
14	**many kinds of**	여러 종류의 She reads **many kinds of** books. 그녀는 여러 종류의 책을 읽는다.
15	**on and on**	계속해서 The noise just went **on and on**. 그 소음은 계속됐다.
16	**on time** **비교** in time 제시간에, 늦지 않게	시간에 맞게, 정각에 He arrived at the bus station **on time**. 그는 정각에 버스 정류장에 도착했다.
17	**pay for**	지불하다, ~의 값을 치르다 Who **paid for** the tickets? 누가 표 값을 지불했니?
18	**take an[one's] order**	주문을 받다 May I **take your order**? 주문을 하시겠어요?
19	**take a trip** **유사** travel to ~로 여행 가다	여행하다 I will **take a trip** to Busan today. 나는 오늘 부산으로 여행을 갈 거야.

 서술형이 쉬워지는 숙어

20	**would like to+동사원형** **유사** want to+동사원형 ~하고 싶다	~하고 싶다 I'd **like to** visit New York someday. 나는 언젠가 뉴욕을 방문하고 싶다.

A 영어는 우리말로, 우리말은 영어로 써 봅시다.

1 do anything

2 be kind to

3 be full

4 취직하다

5 시간에 맞게, 정각에

6 건너오다; (멀리서) 오다

B 보기에서 알맞은 말을 찾아 문장을 완성해 봅시다. (필요하면 어형 등을 바꾸세요.)

> 보기   cross the street   all right   take one's order   pay for

1 Can you _____, please?
제 주문을 받아 주시겠어요?

2 Be careful when you _____.
길을 건널 때에는 조심하렴.

3 I _____ the dinner at the restaurant last night.
어젯밤 내가 그 음식점에서 저녁 식사 값을 냈다.

4 Do you feel _____? 너 기분 괜찮니?

C 우리말 뜻에 맞도록 빈칸에 알맞은 말을 써 봅시다.

1 I bought it when I _____ a trip to America.
난 그것을 미국으로 여행 갔을 때 샀어.

2 She doesn't feel _____ home in this room.
그녀는 이 방에서 편하지가 않다.

3 You're acting _____ a child.
너는 아이처럼 행동하고 있어.

4 I'd like to invite you _____ my birthday party next Saturday.
다음 주 토요일 내 생일 파티에 너희들을 초대하고 싶어.

정답 A 1 무엇이든 하다 2 ~에게 친절하다 3 배가 부르다 4 get a job 5 on time 6 come over B 1 take my order 2 cross the street 3 paid for 4 all right C 1 took 2 at 3 like 4 to D 1 out → up 2 oneself → for oneself 3 like to → would like to E 1 He talked about his family on and on. 2 I will have a party with my friends. 3 My brother has many kinds of toys.

D 문장에서 잘못된 부분을 찾아 바르게 고쳐 봅시다.

1 What do you want to be when you grow out?
너는 어른이 되면 뭐가 되고 싶니?

_____ → _____

2 No one can succeed oneself. 어느 누구도 혼자 힘으로 성공할 수는 없다.

_____ → _____

3 I like to eat Chinese food for lunch. 나는 점심으로 중국 음식을 먹고 싶다.

_____ → _____

E 우리말을 영어로 바꾸어 봅시다. (주어진 말을 이용하세요.)

1 그는 그의 가족에 대해 계속해서 이야기했다. (talk about)

→ _____

2 나는 내 친구들과 파티를 할 거야. (will)

→ _____

3 내 남동생은 많은 종류의 장난감을 가지고 있다. (toys)

→ _____

서술형이 쉬워지는 숙어를 이용하여 음식을 주문하는 대화를 완성해 봅시다.

[유형 9. 음식 주문하기]

A: Excuse me. Are you ready to order?

B: Yes. I _____ like to have a ham and
cheese sandwich. Also, I _____
add French fries.

A: Great. Would you like something to drink, too?

B: Sure. I _____ a glass of
orange juice.

정답 would, would like to, would like to drink[have]
해석 A: 실례합니다. 주문할 준비가 되셨나요? B: 네. 저는 햄 치즈 샌드위치를 먹고 싶어요. 그리고, 감자튀김을 추
가하고 싶어요. A: 좋아요. 마실 것도 원하시나요? B: 물론이죠. 저는 오렌지 주스를 한 잔 마시고 싶어요.

01 above all

무엇보다도, 특히

Above all, take care of yourself.

무엇보다도, 몸조심해라.

02 after college

대학 졸업 후에

What will you do **after college**?

대학 졸업 후에 무엇을 할 거예요?

03 be angry at[with]

~에게 화나다

Mom **is angry at** me. 엄마가 나에게 화가 나셨어.

04 be busy with

비교 be busy -ing ~하느라 바쁘다

~으로 바쁘다

I **am** very **busy with** a new project.

저는 새 프로젝트로 매우 바빠요.

서술형이 쉬워지는 숙어

05 be going to+동사원형

~할 것이다

I **am going to** give her a watch for her birthday.

나는 그녀의 생일에 그녀에게 손목시계를 줄 것이다.

06 for a while

유사 for a moment 잠시 동안
비교 after a while 잠시 후에

잠깐 동안

Please wait just **for a while**.

잠깐만 기다려 주세요.

07 have fun

유사 have a good time
즐거운 시간을 보내다

재미있게 보내다

I **had** so much **fun** during the summer vacation.

나는 여름 방학 동안 굉장히 재미있게 보냈어.

08 in general

유사 generally 일반적으로

일반적으로

In general, children like ice cream.

일반적으로, 아이들은 아이스크림을 좋아한다.

09 keep -ing

계속 ~하다

The telephone **kept** ringing.

전화벨이 계속 울렸다.

10 learn about

~에 대해 배우다

You can **learn about** world holidays in social studies class. 너는 사회 수업 시간에 세계의 공휴일에 대해 배울 수 있어.

| 11 | **live without** | ~ 없이 살다
We can't **live without** water.
우리는 물 없이 살 수 없다. |

| 12 | **make money**
유사 earn money 돈을 벌다 | 돈을 벌다
I want to **make** a lot of **money**.
저는 돈을 많이 벌고 싶어요. |

| 13 | **most of** | ~의 대부분
Most of my friends have a computer.
내 친구들 대부분은 컴퓨터를 가지고 있다. |

> **아하** most of 뒤에는 셀 수 있는 명사의 복수형과 셀 수 없는 명사 둘 다 올 수 있어요. 따라서 뒤에 오는 명사의 수에 동사를 맞추어서 most of the students are ~ (학생들 대부분은 ~), most of the work is ~ (일의 대부분은 ~)와 같이 씁니다.

| 14 | **on weekends**
유사 every weekend 주말마다 | 매 주말에, 주말마다
What do you do **on weekends**?
너는 주말마다 무엇을 하니? |

| 15 | **plan to + 동사원형** | ~할 계획이다
I **plan to** major in Chinese in college.
나는 대학에서 중국어를 전공할 계획이야. |

| 16 | **take a bath**
비교 take a shower 샤워를 하다 | 목욕하다
I told him to **take** a warm **bath**.
나는 그에게 따뜻한 물로 목욕하라고 말했다. |

| 17 | **talk to** | ~에게 이야기하다
I couldn't **talk to** her because she was absent.
나는 그녀가 결석했기 때문에 그녀에게 이야기할 수 없었다. |

| 18 | **these days**
비교 in those days 그 당시에는 | 요즈음
How is the weather **these days**? 요즈음 날씨가 어떤가요? |

| 19 | **with joy** | 기쁘게, 기뻐하며
The boys jumped **with** great **joy**.
그 소년들은 몹시 기뻐하며 펄쩍 뛰었다. |

| 20 | **work at**
유사 work for ~를 위해서 일하다
비교 work as ~로 일하다 | ~에서 일하다
Beth **works at** a supermarket.
Beth는 슈퍼마켓에서 일한다. |

A 영어는 우리말로, 우리말은 영어로 써 봅시다.

1 after college

2 most of

3 for a while

4 목욕하다

5 기쁘게, 기뻐하며

6 요즈음

B 보기에서 알맞은 말을 찾아 문장을 완성해 봅시다. (필요하면 어형 등을 바꾸세요.)

보기	live without	work at	be angry at	above all

1 It's true that I _____ Inho.
내가 인호에게 화났던 것은 사실이야.

2 _____, make a study plan and use your time well.
무엇보다도, 공부 계획을 짜고 시간을 잘 활용하세요.

3 He is going to _____ a bookstore.
그는 서점에서 일할 거야.

4 I love coffee so much. I don't think I can _____ it.
난 커피를 아주 좋아해. 커피 없이는 못 살 것 같아.

C 우리말 뜻에 맞도록 빈칸에 알맞은 말을 써 봅시다.

1 We can _____ fun on the Internet.
우리는 인터넷 상에서 재미있게 보낼 수 있어.

2 A girl is talking _____ her friend.
한 소녀가 친구에게 얘기를 하고 있다.

3 She worked for long hours, but she couldn't _____ much money.
그녀는 오랜 시간 동안 일했지만 돈을 많이 벌지 못했다.

4 I want to learn _____ Korean culture.
저는 한국 문화에 대해 배우고 싶어요.

정답 **A 1** 대학 졸업 후에 **2** ~의 대부분 **3** 잠깐 동안 **4** take a bath **5** with joy **6** these days　**B 1** was angry at **2** Above all **3** work at **4** live without　**C 1** have **2** to **3** make **4** about　**D 1** go → going **2** in → on **3** eating → eat　**E 1** 일반적으로 상점들은 오전 9시에 문을 연다. **2** 우리는 숙제 때문에 매우 바쁘다. **3** 그는 대학 졸업 후에 세계 여행을 할 계획이다.

D 문장에서 잘못된 부분을 찾아 바르게 고쳐 봅시다.

1 Keep go until you get to the bank and turn left.
은행에 도착할 때까지 계속 가다가 왼쪽으로 도세요.

_____ → _____

2 The family goes to church in weekends. 그 가족은 주말마다 교회에 간다.

_____ → _____

3 We are going to eating dinner at the new restaurant.
우리는 새로 생긴 레스토랑에서 저녁을 먹을 것이다.

_____ → _____

E 문장의 뜻을 우리말로 바꾸어 봅시다.

1 In general, shops open at 9 a.m.

→ _____

2 We are very busy with our homework.

→ _____

3 He plans to travel all over the world after college.

→ _____

서술형이 쉬워지는 숙어를 이용하여 이번 주 계획을 나타내는 문장을 완성해 봅시다. [유형 10. 계획 말하기]

| Monday | Tuesday | Wednesday | Thursday | Friday | Saturday | Sunday |

1 I am going _____ study English on Monday.

2 I _____ watch a movie _____ Wednesday.

3 I _____ go on a trip on the weekend.

정답 1 to 2 am going to, on 3 am going to
해석 1 나는 월요일에 영어를 공부할 것이다. 2 나는 수요일에 영화를 볼 것이다. 3 나는 주말에 여행을 갈 것이다.

45

01 a lot

많이, 굉장히

She reads books **a lot**. 그녀는 책을 많이 읽는다.

02 again and again

유사 over and over again
몇 번이고, 반복해서

몇 번이고, 되풀이해서

They sang the same song **again and again**.

그들은 같은 노래를 되풀이해서 불렀다.

03 all day (long)

유사 all (the) day 하루 종일

하루 종일

He watched TV **all day long**.

그는 하루 종일 TV를 봤다.

04 be excited about

~에 흥분하다, ~에 들뜨다

He **is excited about** the soccer game.

그는 축구 경기에 흥분해 있다.

서술형이 쉬워지는 숙어

05 be interested in

~에 관심이 있다, ~에 흥미가 있다

I'm **interested in** studying science.

나는 과학을 공부하는 데에 흥미가 있다.

06 by the time

~할 즈음, ~할 때까지

By the time we reached home, it was quite dark.

우리가 집에 도착할 때 즈음, 꽤 어두웠다.

07 doubt about[of]

~에 대한 의심

There's no **doubt about** that.

그것에 대해서는 의심할 여지가 없어요.

08 for some time

한동안, 당분간; 잠시

We had to remain silent **for some time**.

우리는 한동안 침묵을 유지해야 했다.

09 give up

~을 포기하다

This problem is very difficult, but I will never **give up**.

이 문제는 매우 어렵지만, 나는 절대 포기하지 않을 것이다.

10 go across

비교 come across 우연히 마주치다

~을 건너다, 횡단하다

They are **going across** a river.

그들은 강을 건너고 있다.

¹¹ **half of**	~의 절반
	Eat **half of** the cake and keep the rest.
	그 케이크의 절반을 먹고 나머지는 남겨 둬라.

¹² **have an idea for**	~에 대한 아이디어가 있다
	I **have an idea for** a movie.
	난 영화로 만들 아이디어가 하나 있어.

¹³ **in the past** **반대** in the future 미래에, 장래에	과거에, 예전에
	She was a teacher **in the past**.
	그녀는 예전에 교사였다.

¹⁴ **of course**	물론
	Of course, I can help you. 물론, 내가 너를 도와줄 수 있어.

¹⁵ **(a) part of**	~의 일부분
	School is **an important part of** my life.
	학교는 제 인생에서 중요한 부분이에요.

¹⁶ **pick up** **비교** pick out 골라내다, 식별하다	~을 집어 들다; ~를 차로 데려오다
	He **picked up** the pen and wrote a letter.
	그는 펜을 들고 편지를 썼다.

¹⁷ **pour ~ into**	~을 (쏟아) 붓다, ~을 따르다
	Minho **poured** the water **into** the glass.
	민호가 유리잔에 물을 부었다.

¹⁸ **take a picture (of)**	(~의) 사진을 찍다
	Can you **take a picture of** us?
	저희 사진 좀 찍어 주실래요?

¹⁹ **take off** **반대** put on (옷, 신발 등을) 입다[신다/쓰다]	(옷, 신발 등을) 벗다
	The man doesn't **take off** his coat.
	그 남자는 코트를 벗지 않는다.

> **이해** take off의 목적어가 명사일 때, 그 명사는 off의 앞과 뒤에 모두 올 수 있어요. 하지만 목적어가 대명사라면 꼭 take와 off 사이에 써야 합니다. take it off는 맞지만 take off it은 틀린 표현이에요.

²⁰ **try -ing** **비교** try to + 동사원형 ~하려고 노력하다	(시험 삼아) ~해 보다
	I **tried** making gimchi by myself.
	난 혼자서 김치를 담가 보았다.

Daily Test

11ᵗʰ

A 영어는 우리말로, 우리말은 영어로 써 봅시다.

1 pick up

2 a lot

3 have an idea for

4 몇 번이고, 되풀이해서

5 ~을 건너다, 횡단하다

6 포기하다

B 보기에서 알맞은 말을 찾아 문장을 완성해 봅시다.

| 보기 | half of | take off | all day long | excited about |

1 You're watching TV _____. You never study!
넌 하루 종일 TV를 보고 있구나. 공부는 하나도 안 하고!

2 _____ my friends play baseball.
내 친구들의 절반이 야구를 한다.

3 I'm so _____ his first concert.
나는 그의 첫 콘서트에 몹시 흥분된다.

4 Would you _____ your hat inside the museum?
박물관 내부에서는 모자를 벗어 주시겠어요?

C 우리말 뜻에 맞도록 빈칸에 알맞은 말을 써 봅시다.

1 She thought about it for _____ time.
그녀는 한동안 그것에 대해 생각해 보았다.

2 _____ the past, people used to ride horses to get around.
과거에는 사람들이 돌아다니기 위해 말을 탔다.

3 This is only a part _____ a problem.
이것은 문제의 일부분일 뿐이다.

4 A: Can I go home now? 지금 집에 가도 되나요?
  B: Of _____, you can. 물론, 가도 돼.

정답 A 1 ~을 집어 들다; ~를 차로 데려오다 2 많이, 굉장히 3 ~에 대한 아이디어가 있다 4 again and again 5 go across 6 give up B 1 all day long 2 Half of 3 excited about 4 take off C 1 some 2 In 3 of 4 course D 1 In → By 2 to → about[of] 3 at → in E 1 Try using this shampoo. 2 I want[would like] to take a picture of my cat. 3 Sally poured coffee into her cup.

48

D 문장에서 잘못된 부분을 찾아 바르게 고쳐 봅시다.

1 In the time you arrive, we will have finished the work.
네가 도착할 즈음에는 우리가 그 일을 끝내 놓았을 것이다.

_____ → _____

2 He has doubts to everything.
그는 모든 것이 의심스럽다.

_____ → _____

3 I am interested at teaching English.
나는 영어를 가르치는 데에 흥미가 있다.

_____ → _____

E 우리말을 영어로 바꾸어 봅시다.

1 이 샴푸를 한번 사용해 보세요.

→ _____

2 나는 내 고양이의 사진을 찍고 싶다.

→ _____

3 Sally는 그녀의 컵에 커피를 따랐다.

→ _____

서술형이 쉬워지는 숙어를 이용하여 관심사에 대해 써 봅시다. 주어진 문장과 같은 뜻이 되도록 빈칸에 알맞은 말을 쓰세요. [유형 11. 흥미 말하기]

1 I like reading history books.
→ I am _____ in reading history books.

2 Jim enjoys listening to hip hop music.
→ Jim _____ listening to hip hop music.

3 Yuna and Taemin like watching horror movies.
→ Yuna and Taemin _____ horror movies.

정답 1 interested 2 is interested in 3 are interested in watching
해석 1 나는 역사책 읽는 것을 좋아한다. → 나는 역사책 읽는 것에 관심이 있다. 2 Jim은 힙합 음악 듣는 것을 즐긴다. → Jim은 힙합 음악 듣는 것에 관심이 있다. 3 유나와 태민이는 공포 영화 보는 것을 좋아한다. → 유나와 태민이는 공포 영화 보는 것에 관심이 있다.

01 as soon as
비교 as soon as possible
가능한 한 빨리

~하자마자
Call me **as soon as** you arrive at the airport.
공항에 도착하자마자 전화하렴.

02 at the end of

~의 끝에, 마지막에
They had a party **at the end of** the year.
그들은 연말에 파티를 했다.

03 be worth -ing

~할 가치가 있다
This book **is worth** reading. 이 책은 읽을 가치가 있어요.

04 by the way
비교 on the way 도중에

(대화에서 화제를 바꿀 때) 그런데
By the way, what time does the movie start?
그런데, 몇 시에 영화가 시작하지?

> 이하 대화하다가 앞 내용과 관련이 없는 주제로 화제를 바꿀 때 by the way 를 사용합니다. anyway로 바꾸어 말할 수도 있어요. 앞 내용과 반대되 는 내용으로 이어질 때는 주로 but을 씁니다.

05 come along

함께 가다[오다]
Do you want to **come along**?
함께 가고 싶으세요?

06 fly away

멀리 날아가다
As soon as the bird saw us, it **flew away**.
그 새는 우리를 보자마자 멀리 날아가 버렸다.

07 for good
유사 forever 영원히

영원히
Are you leaving Korea **for good**?
너는 영원히 한국을 떠나는 거니?

08 get along with

~와 사이좋게 지내다
I don't **get along with** my brother.
난 형과 사이좋게 지내지 않는다.

09 go to work

일하러 가다, 출근하다
How do you **go to work**? 어떻게 출근하십니까?

10 have been to

~에 가 본 적이 있다
I **have been to** Tokyo a few times.
나는 도쿄에 몇 번 가 본 적이 있어.

11	**in front of** 반대 behind ~ 뒤에	~ 앞에 Jackie is sitting **in front of** me. Jackie는 내 앞에 앉아 있어.
12	**in the future** 반대 in the past 과거에	미래에, 장래에 I want to be a singer **in the future**. 나는 장래에 가수가 되고 싶다.
13	**on ~ floor**	~층에 The hospital is **on** the second **floor**. 병원은 2층에 있어요.
14	**on the phone**	전화상으로 He spoke **on the phone** all afternoon. 그는 오후 내내 전화 통화를 했다.
15	**read about**	~에 관해 읽다 I **read about** the accident on the Internet. 나는 인터넷에서 그 사고에 대해 읽었다.
16	**see a movie** 유사 watch a movie 영화를 보다	영화를 보다 Today I **saw a movie**, *An Angel at My Table*. 오늘 나는 '내 책상 위의 천사'라는 영화를 봤어.
17	**take it easy**	마음을 느긋하게 먹다, 편하게 하다 Just relax and **take it easy**. 긴장 풀고 편하게 마음 먹어.
18	**talk with** 비교 talk to ~에게 이야기하다 talk about ~에 대해 이야기하다	~와 이야기하다 Sumi is **talking with** her friends. 수미는 친구들과 이야기를 하고 있어요.

 ## 서술형이 쉬워지는 숙어

19	**there is[are] ~** **there is[are] no ~**	~이 있다 ~이 없다 **There is** a beautiful park in the town. 그 마을에는 아름다운 공원이 있다.
20	**write a letter (to)**	(~에게) 편지를 쓰다 Jack is **writing a letter to** his girlfriend. Jack은 여자친구에게 편지를 쓰고 있다.

A 영어는 우리말로, 우리말은 영어로 써 봅시다.

1 get along with

2 read about

3 on the phone

4 ~와 이야기하다

5 영화를 보다

6 일하러 가다, 출근하다

B 보기에서 알맞은 말을 찾아 문장을 완성해 봅시다. (필요하면 어형 등을 바꾸세요.)

보기   as soon as   for good   fly away   take it easy

1 The wind was so strong that the kite _____.
바람이 너무 세게 불어서 연이 날아가 버렸다.

2 _____ she went to bed, she fell asleep.
그녀는 잠자리에 들자마자 잠이 들었다.

3 _____, you still have enough time.
아직 시간 충분하니까 진정해.

4 He left his hometown _____.
그는 영원히 그의 고향을 떠났다.

C 우리말 뜻에 맞도록 빈칸에 알맞은 말을 써 봅시다.

1 _____ the way, what time is it now?
그런데, 지금 몇 시죠?

2 I have been _____ Gyeongju.
나는 경주에 가 본 적이 있어.

3 You can come _____ if you want.
네가 원한다면 함께 가도 돼.

4 Maybe _____ the future I'll run a big company.
아마도 장래에 난 큰 회사를 경영하게 될 거야.

정답 **A** 1 ~와 사이좋게 지내다 2 ~에 관해 읽다 3 전화상으로 4 talk with 5 see a movie 6 go to work **B** 1 flew away 2 As soon as 3 Take it easy 4 for good **C** 1 By 2 to 3 along 4 in **D** 1 on → to 2 in → at 3 are → is **E** 1 You are still in front of the TV! 2 This dress is worth buying. 3 My office is on the third floor.

D 문장에서 <u>잘못된</u> 부분을 찾아 바르게 고쳐 봅시다.

1 Let's write a letter on our teacher. 우리 선생님께 편지를 쓰자.

_____ → _____

2 She started to sing in the end of the party.
그녀는 파티 마지막에 노래를 부르기 시작했다.

_____ → _____

3 There are a large tree in front of my house.
우리 집 앞에 커다란 나무 한 그루가 있다.

_____ → _____

E 우리말 뜻에 맞도록 주어진 말을 배열해 봅시다.

1 너는 아직도 텔레비전 앞에 있구나!

→ _____

(You are, in, of, still, front, the TV)

2 이 옷은 살 만한 가치가 있어요.

→ _____

(This dress, worth, buying, is)

3 제 사무실은 3층에 있어요.

→ _____

(office, on, My, the third, is, floor)

서술형이 쉬워지는 숙어를 사용하여 방 안에 무엇이 있는지 묘사하는 문장을 완 성해 봅시다. [유형 12. 공간 묘사하기]

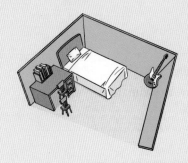

1 There _____ a bed in the room.

2 _____ a desk next to the bed.

3 _____ two chairs in front of the desk.

4 There are books on the desk but _____ pencil.

정답 **1** is **2** There is **3** There are **4** there is no
해석 **1** 방에는 침대가 있다. **2** 침대 옆에는 책상이 있다. **3** 책상 앞에는 의자가 두 개 있다. **4** 책상 위에는 책들이 있지만 연필은 없다.

01 a pair of

~ 한 쌍, ~ 한 벌

I'm looking for **a pair of** pants. 저는 바지 한 벌을 찾고 있어요.

> **이해** glasses(안경), shoes(신발), socks(양말), gloves(장갑) 등과 같이 짝을 이루는 것을 셀 때 사용하는 표현입니다. 두 쌍은 two pairs of ~로 나타내요.

02 around the world

유사 all over the world 전 세계에

전 세계에

I travel **around the world** and meet new people.
나는 전 세계를 여행하면서 새로운 사람들을 만난다.

03 be popular with

~에게 인기가 있다

Chris **is popular with** kids.
Chris는 아이들에게 인기가 있다.

04 buy A for B

유사 buy B A B에게 A를 사 주다

B에게 A를 사 주다

I'm planning to **buy** a present **for** my mother.
나는 어머니께 선물을 사 드릴 계획이다.

05 get sick

유사 be sick 아프다

아프다, 병에 걸리다

I feel like I'm going to **get sick**.
몸이 아플 것 같은 기분이 들어요.

06 give ~ a call

~에게 전화하다

Can I **give** you **a call** tonight?
오늘 밤에 제가 당신에게 전화해도 될까요?

07 hear from

~로부터 연락을 받다, 소식을 듣다

Did you **hear from** Sam recently?
너 최근에 Sam 소식 들었어?

서술형이 쉬워지는 숙어

08 how to + 동사원형

어떻게 ~하는지, ~하는 방법

You should learn **how to** swim, too.
너도 수영하는 법을 배워야 해.

09 in a minute

유사 in a second 곧, 순식간에

곧, 당장

The doctor will be with you **in a minute**.
의사 선생님이 곧 오실 거예요.

10	**just like**	~과 똑같은, 꼭 ~처럼
		Jeremy looks **just like** his father.
		Jeremy는 그의 아버지와 똑같이 생겼어요.

11	**keep a diary**	일기를 쓰다
		I try to **keep a diary** every day.
		저는 매일 일기를 쓰려고 노력합니다.

12	**make sense**	일리가 있다, 이해되다
		The sentence doesn't **make sense**.
		그 문장은 앞뒤가 맞지 않는다.

13	**on the left/right**	왼쪽에 / 오른쪽에
		Do you see the building **on the left**?
		왼쪽에 있는 건물이 보이니?

14	**right away**	지금 당장
	유사 right now, at once	Call the plumber **right away**.
	지금 당장, 즉시	지금 당장 배관공에게 연락하세요.

15	**run away**	도망가다, 달아나다
	비교 go away 가버리다	He **ran away** with my money.
		그는 내 돈을 가지고 도망갔다.

16	**send A to B**	B에게 A를 보내다
	유사 send B A	Tom **sent** roses **to** me.
	B에게 A를 보내다	Tom은 나에게 장미를 보냈다.

17	**turn left/right**	왼쪽으로 / 오른쪽으로 돌다
		Go straight and **turn left**.
		곧장 가시다가 왼쪽으로 도세요.

18	**turn off**	(전기, 가스, 수도 등을) 끄다, 잠그다
	반대 turn on (전기, 가스, 수도	**Turn off** the light when you leave.
	등을) 켜다, 틀다	떠날 때 불을 끄세요.

19	**wait for**	~를 기다리다
		Please **wait for** me there.
		거기서 저를 기다려 주세요.

20	**work with**	~와 함께 일하다; (도구 등을) 가지고 일하다
		She **works with** her aunt.
		그녀는 이모와 함께 일한다.

A 영어는 우리말로, 우리말은 영어로 써 봅시다.

1 how to+동사원형

2 give ~ a call

3 make sense

4 도망가다, 달아나다

5 아프다, 병에 걸리다

6 ~와 함께 일하다; (도구 등을) 가지고 일하다

B 보기에서 알맞은 말을 찾아 문장을 완성해 봅시다. (필요하면 어형 등을 바꾸세요.)

보기	be popular with	just like	right away	turn right

1 I will email you _____.
지금 바로 이메일을 보낼게요.

2 _____ and you will see the library.
오른쪽으로 돌면 도서관이 보일 거예요.

3 She looks _____ her mother.
그녀는 그녀의 어머니와 꼭 닮았다.

4 This city _____ tourists.
이 도시는 관광객들에게 인기가 있다.

C 우리말 뜻에 맞도록 빈칸에 알맞은 말을 써 봅시다.

1 Be sure to bring a _____ of shoes.
신발 한 켤레를 꼭 가져가도록 해.

2 The man _____ the right is wearing glasses.
오른쪽에 있는 남자는 안경을 쓰고 있다.

3 I bought the book _____ my friend.
나는 내 친구에게 그 책을 사 주었다.

4 You should turn _____ the TV before you go to bed.
너는 자러 가기 전에 TV를 꺼야 해.

정답 **A 1** 어떻게 ~하는지, ~하는 방법 **2** ~에게 전화하다 **3** 일리가 있다, 이해되다 **4** run away **5** get sick **6** work with **B 1** right away **2** Turn right **3** just like **4** is popular with **C 1** pair **2** on **3** for **4** off **D 1** on → in **2** round → around **3** to → for **E 1** Do you keep a diary every day? **2** I want to send this book to him.[I want to send him this book.] **3** Did you hear from him last week?

D 문장에서 **잘못된 부분**을 찾아 바르게 고쳐 봅시다.

1 My favorite TV show starts on a minute. 내가 좋아하는 TV 프로그램이 곧 시작해.

_____ → _____

2 Gimchi is getting popular round the world.

김치는 전 세계에서 점점 인기를 얻고 있다.

_____ → _____

3 The students are waiting to the school bus. 학생들이 학교 버스를 기다리고 있다.

_____ → _____

E 우리말을 영어로 바꾸어 봅시다.

1 너는 매일 일기를 쓰니?

→ _____

2 나는 그에게 이 책을 보내고 싶어.

→ _____

3 너는 지난주에 그에게서 연락을 받았니?

→ _____

서술형이 쉬워지는 숙어를 이용하여 길을 묻는 말을 해 봅시다. 아래 지도를 보고
대화를 완성하세요. [유형 13. 방법 묻기]

Bakery

Bookstore

1 A: Do you know _____ go to the bakery?

B: Just go straight and you will find it.

2 A: I'd like to know _____ get to the _____.

B: You can take a bus here.

Day 14

01 ahead of

~보다 앞서
We are **ahead of** our schedule.
우리는 일정보다 앞서 있습니다.

02 at any time

아무 때라도, 언제라도
You can come **at any time**. 아무 때라도 오셔도 됩니다.

03 be honest with
비교 to be honest 솔직히 말하면

~에게 정직[솔직]하다
She **is honest with** everyone.
그녀는 모든 사람에게 정직하다.

서술형이 쉬워지는 숙어

04 both A and B
반대 neither A nor B
A와 B 둘 다 아닌

A와 B 둘 다
He studied **both** English **and** French in college.
그는 대학에서 영어와 프랑스어 둘 다 공부했다.

05 by accident
유사 by chance 우연히

우연히
I met her **by accident** at the library.
나는 도서관에서 우연히 그녀를 만났다.

06 call A B

A를 B라고 부르다
Her Korean name is Sumi, but we **call** her Maria.
그녀의 한국 이름은 수미이지만, 우리는 그녀를 Maria라고 부른다.

07 change A into B

A를 B로 바꾸다
Can you **change** Korean won **into** US dollars?
한국 원화를 미국 달러로 바꿔 주실 수 있나요?

08 get angry

화가 나다
Everyone **gets angry** sometimes.
누구나 때때로 화가 난다.

09 go on

계속되다
I don't think this hot weather will **go on** for long.
나는 이 더운 날씨가 오랫동안 계속될 거라고 생각하지 않는다.

10 in turn(s)
비교 one after another
하나씩 차례로

차례로, 교대로
They watched the house **in turns**.
그들은 교대로 집을 지켰다.

11	**just a second**	잠깐만 Hold on **just a second**. 잠깐만 기다리세요.
12	**leave a message** **[반대]** take a message 메시지를 받다	메시지를 남기다 Would you like to **leave a message**? 메시지를 남기시겠어요?
13	**mix A and B** **[유사]** mix A with B A와 B를 섞다	A와 B를 섞다 **Mix** the butter **and** sugar. 버터와 설탕을 섞으세요.
14	**no longer**	더 이상 ~ 아닌 The Stevens **no longer** live in this house. Stevens 가족은 더 이상 이 집에 살지 않습니다.
15	**one day** **[비교]** someday 언젠가, 훗날	언젠가[어느 날] (미래의 어느 시기나 과거의 특정한 날) **One day**, I will become a movie director. 언젠가, 저는 영화 감독이 될 거예요.

> **아하** one day와 someday는 모두 미래의 어느 시기를 가리키는 말로 사용
되지만, 약간의 의미 차이가 있습니다. someday는 좀 더 막연한 미래
를 나타내는 반면, one day는 좀 더 의지가 담긴 말로 사용됩니다.

16	**one more time**	한 번 더 I want to see the movie **one more time**. 그 영화를 한 번 더 보고 싶어요.
17	**say hello to**	~에게 안부를 전하다 **Say hello to** them for me. 그들에게 내 안부를 전해 줘.
18	**sit behind**	~ 뒤에 앉다 A young girl was **sitting behind** me. 한 어린 소녀가 내 뒤에 앉아 있었다.
19	**take part in** **[유사]** participate in ~에 참가하다 join in ~에 참여하다	~에 참가하다 He **took part in** the Olympics three times. 그는 올림픽에 세 번 참가했다.
20	**tell a story**	이야기를 말해 주다 He **tells** us interesting **stories**. 그는 우리에게 재미있는 이야기를 해 준다.

Daily Test **14**th

A 영어는 우리말로, 우리말은 영어로 써 봅시다.

1 at any time

2 just a second

3 call A B

4 차례로, 교대로

5 더 이상 ~ 아닌

6 ~에게 안부를 전하다

B 보기에서 알맞은 말을 찾아 문장을 완성해 봅시다. (필요하면 어형 등을 바꾸세요.)

보기 be honest with   go on   leave a message   get angry

1 Let me _____ you.
당신에게 솔직하게 말할게요.

2 When he _____, he shouts.
그는 화가 날 때면 소리를 지른다.

3 The party _____ until late at night.
파티는 밤늦게까지 계속되었다.

4 Did she _____ on the phone?
그녀가 전화로 메모를 남겼나요?

C 우리말 뜻에 맞도록 빈칸에 알맞은 말을 써 봅시다.

1 I wanted to take _____ in the play.
나는 그 연극에 참여하고 싶었다.

2 The children are sitting _____ the desk.
어린이들은 책상 뒤에 앉아 있다.

3 The students changed the room _____ a café.
학생들은 그 방을 카페로 바꾸었다.

4 A: Who discovered America? 누가 아메리카를 발견했죠?
B: Columbus discovered America _____ accident.
콜럼버스가 우연히 아메리카를 발견했어요.

정답 A 1 아무 때라도, 언제라도 2 잠깐만 3 A를 B라고 부르다 4 in turn(s) 5 no longer 6 say hello to B 1 be honest with 2 gets angry 3 went on 4 leave a message C 1 part 2 behind 3 into 4 by D 1 before → ahead 2 to → and 3 Any → One E 1 한 번 더 노래를 부르자. 2 우리에게 당신의 이야기를 해 줄래요? 3 한국인들은 숟가락과 젓가락 모두를 사용한다.

60

D 문장에서 <u>잘못된</u> 부분을 찾아 바르게 고쳐 봅시다.

1 The train arrived thirty minutes before of time. 기차가 30분 앞서 도착했다.

_____ → _____

2 Mix red to yellow, and you will get orange.
빨간색과 노란색을 섞으면 주황색을 얻을 거예요.

_____ → _____

3 Any day, the young man left the town. 어느 날, 그 청년은 마을을 떠났다.

_____ → _____

E 문장의 뜻을 우리말로 바꾸어 봅시다.

1 Let's sing a song one more time.

→ _____

2 Will you tell us your story?

→ _____

3 Koreans use both spoons and chopsticks.

→ _____

서술형이 쉬워지는 숙어를 이용하여 인물들 사이의 공통점을 나타내 봅시다.

공통점을 지닌 두 사람을 찾아 문장을 완성하세요. [유형 14. 공통점 말하기]

Hyeonseo Jenny Tim Angela Suho Dean

1 _____ Angela _____ Dean are tall.

2 _____ have brown hair.

3 _____ are holding flowers in their hands.

정답 1 Both, and 2 Both Hyunseo and Tim 3 Both Jenny and Suho
해석 1 Angela와 Dean은 둘 다 키가 크다. 2 현서와 Tim은 둘 다 머리카락이 갈색이다. 3 Jenny와 수호는 둘 다 손에 꽃을 들고 있다.

01	**a long time ago**	옛날에, 오래 전에
		A long time ago, there lived an ugly beast.
		옛날에, 못생긴 야수가 살고 있었다.

02	**be about to + 동사원형**	막 ~하려고 하다
	비교 be going to + 동사원형	Come on in. We're about to have dinner.
	~할 계획이다	어서 들어와. 우린 막 저녁을 먹으려던 참이야.

03	**be familiar with**	~을 잘 알다, ~에 익숙하다
		She is familiar with British accent.
		그녀는 영국식 억양에 익숙하다.

04	**cut down**	(밑 부분을 잘라) 쓰러[넘어]뜨리다; 줄이다
		The man cut down the tree.
		남자는 나무를 베어 쓰러뜨렸다.

05	**do ~ a favor**	~에게 호의를 베풀다, ~의 부탁을 들어주다
	유사 give ~ a hand ~을 도와주다	Would you do me a favor?
	비교 ask ~ a favor ~에게 부탁하다	제 부탁 좀 들어주시겠어요?

06	**expect A to + 동사원형**	A가 ~하기를 기대하다
		I expect her to accept the offer.
		나는 그녀가 제안을 받아들이기를 기대한다.

07	**feel down**	의기소침하다, 기분이 울적하다
		I listen to music when I feel down.
		나는 기분이 울적할 때 음악을 듣는다.

08	**first of all**	우선, 첫째로, 무엇보다도
	유사 most of all, above all	First of all, I'd like to say "Congratulations!" to all of
	무엇보다도	you.
		무엇보다, 여러분 모두에게 "축하해요!"라고 말하고 싶네요.

09	**get a grade**	점수를 받다, 성적을 받다
		Did you get a good grade on the test?
		너는 시험에서 좋은 점수를 받았니?

10	**go well**	잘 되어 가다
		Fortunately, their plan is going well.
		다행스럽게도, 그들의 계획은 잘 진행되고 있다.

11 **have a cold**
유사 catch a cold 감기에 걸리다

감기에 걸리다
I **have a** bad **cold.** 난 심한 감기에 걸렸어.

> 이하 catch a cold도 비슷한 의미를 가지고 있어요. 다만 catch a cold는
> 새로 감기에 걸렸다는 동작을, have a cold는 지금 감기에 걸려 있는
> 상태를 좀 더 강하게 나타냅니다.

12 **have a nickname**

별명이 있다
Do you **have a nickname**? 당신은 별명이 있나요?

13 **in a hurry**
비교 hurry up 서두르다

급히, 서둘러
We're **in a hurry**. Let's go faster.
우리 서둘러야 해. 좀 더 빨리 가자.

14 **keep (~) in mind**
유사 have (~) in mind
(~을) 염두에 두다

(~을) 마음에 담아두다, 명심하다
Your advice was a big help. I will **keep** that **in mind**.
당신의 충고는 큰 도움이 되었어요. 그것을 명심할게요.

15 **make (a) noise**

소란을 피우다, 떠들다
Don't **make a noise** in class.
수업 중에 떠들지 마세요.

16 **practice -ing**

~하는 것을 연습하다
I got up at 5 a.m. to **practice** skating.
나는 스케이트 연습을 하기 위해서 새벽 5시에 일어났다.

17 **pray for**

~을 위해 기도하다
I'll **pray for** your family.
당신의 가족을 위해 기도하겠습니다.

18 **stay up**

자지 않고 깨어 있다
I **stayed up** all night last night.
나는 어젯밤에 밤새 자지 않고 깨어 있었다.

19 **the next day**
유사 the following day
그 다음 날

그 다음날
We went hiking **the next day**.
우리는 그 다음날 하이킹하러 갔어요.

 서술형이 쉬워지는 숙어

20 **What[How] about ~?**

~은 어때?
I like pizza. **What about** you?
난 피자를 좋아해. 넌 어때?

A 영어는 우리말로, 우리말은 영어로 써 봅시다.

1 do ~ a favor

2 have a nickname

3 first of all

4 의기소침하다, 기분이 울적하다

5 ~을 위해 기도하다

6 (~을) 마음에 담아두다, 명심하다

B 보기에서 알맞은 말을 찾아 문장을 완성해 봅시다.

| 보기 | the next day | cut down | how about | have a cold |

1 The twins both _____.
쌍둥이들은 둘 다 감기에 걸렸어.

2 People _____ trees to make paper.
사람들은 종이를 만들기 위해 나무를 베어낸다.

3 _____ playing basketball this Saturday?
이번 주 토요일에 농구하는 게 어때?

4 My dad washed his car and it rained _____.
아버지가 세차를 하시고 그 다음 날 비가 내렸다.

C 우리말 뜻에 맞도록 빈칸에 알맞은 말을 써 봅시다.

1 I hope everything goes _____.
모든 일이 잘 되기를 바랍니다.

2 He stayed _____ late to study last night.
그는 어젯밤에 공부하느라 밤늦도록 깨어 있었다.

3 You should not _____ a noise here.
이곳에서는 소란을 피워서는 안 된다.

4 I expect you _____ get a good grade next time.
나는 다음번엔 네가 좋은 성적을 받기를 기대한다.

정답 A 1 ~에게 호의를 베풀다, ~의 부탁을 들어주다 2 별명이 있다 3 우선, 첫째로, 무엇보다도 4 feel down 5 pray for 6 keep (~) in mind B 1 have a cold 2 cut down 3 How about 4 the next day C 1 well 2 up 3 make 4 to D 1 sing → singing 2 for → in 3 for → with E 1 I got a bad grade on the test[exam]. 2 They left a long time ago. 3 The movie is about to start.

D 문장에서 **잘못된** 부분을 찾아 바르게 고쳐 봅시다.

1 I'm going to practice sing. 나는 노래 부르는 것을 연습할 거야.

_____ → _____

2 Where are you going? Why are you for a hurry?

어디에 가는 중이니? 왜 서두르는 거야?

_____ → _____

3 They are familiar for this project. 그들은 이 프로젝트를 잘 안다.

_____ → _____

E 우리말을 영어로 바꾸어 봅시다.

1 나는 그 시험에서 나쁜 성적을 받았다.

→ _____

2 그들은 오래 전에 떠났다.

→ _____

3 그 영화가 막 시작하려고 해요.

→ _____

서술형이 **쉬워지는 숙어**를 이용하여 고민이 있는 친구에게 조언하는 대화를 완성해 봅시다. 필요하면 주어진 단어를 이용하세요. [유형 15. 조언하기]

1 A: I want to buy a backpack, but I don't have enough money.

B: What _____ starting saving money?

2 A: I have problems with my classmates. What should I do?

B: _____ talking to your teacher about it?

3 A: I had a fight with my friend. I feel so bad.

B: _____ "I'm sorry" first? (say)

정답 1 about 2 What[How] about 3 What[How] about saying
해석 1 A: 배낭을 사고 싶은데 돈이 충분하지 않아. B: 돈을 모으기 시작하는 게 어때? 2 A: 반 친구들과 문제가 있어. 어떻게 해야 하지? B: 선생님께 그것에 대해 이야기해 보는 게 어때? 3 친구와 싸웠어. 기분이 좋지 않아. B: 미안하다고 먼저 말하는 게 어때?

01	**ask ~ a favor** 유사 do ~ a favor ~의 부탁을 들어주다	~에게 부탁하다 May I **ask** you **a favor**, Tom? Tom, 내가 부탁 좀 해도 될까?
02	**be afraid of**	~을 두려워하다 I'm **afraid of** snakes. 난 뱀이 무서워.
03	**be ready to + 동사원형**	~할 준비가 되다 I am not **ready to** go now. 나는 지금 갈 준비가 되지 않았어.
04	**best of all** 유사 above all, most of all 무엇보다도	무엇보다도, 첫째로 This jacket is pretty. **Best of all**, it is very comfortable to wear. 이 재킷은 예쁘다. 무엇보다도, 그것은 입기에 매우 편안하다.
05	**care about** 비교 care for ~을 돌보다	~을 신경 쓰다, ~을 염려하다 I **care about** the environment a lot. 저는 환경에 대해 신경을 많이 써요.
06	**catch the train/bus**	기차/버스를 잡아타다 I need to **catch the train** at 12. 난 12시에 기차를 타야 해.
07	**do the right thing**	옳은 일을 하다 You always try to **do the right thing**. 너는 항상 옳은 일을 하려고 애쓰는구나.
08	**either A or B** 비교 neither A nor B A와 B 둘 다 아닌	A와 B 둘 중 하나 I want to be **either** a doctor **or** a teacher. 나는 의사 아니면 교사가 되고 싶다.
09	**fail to + 동사원형**	~하지 못하다 Unfortunately, she **failed to** persuade him. 불행하게도, 그녀는 그를 설득하지 못했다.
10	**get back**	돌아오다, 돌아가다 When does she **get back** from her trip? 그녀는 여행에서 언제 돌아오나요?
11	**go down**	~을 따라 내려가다 **Go down** this road and turn left. 이 길을 따라 내려가서 왼쪽으로 도세요.

12	**hold back**	~을 저지하다, 억제하다
		You should learn how to **hold back** your tears.
		너는 눈물 참는 법을 배워야 해.

 ## 서술형이 쉬워지는 숙어

13	**hope to + 동사원형**	~하기를 바라다[희망하다]
		We **hope to** hear from you soon.
		우리는 곧 당신의 소식을 듣기를 희망해요.

14	**hurry up**	서두르다
	비교 in a hurry 급히, 서둘러	**Hurry up**, and you'll be on time.
		서둘러, 그러면 늦지 않을 거야.

15	**in the end**	결국에는, 마침내
	유사 at last 결국, 마침내	Truth always wins **in the end**.
		결국에는 진실이 항상 승리한다.

16	**look after**	~을 돌보다
	유사 take care of ~을 돌보다	This young girl **looks after** the homeless dogs.
	비교 look for ~을 찾다	이 어린 소녀가 유기견들을 돌보고 있어요.

17	**make up a story**	이야기를 만들다, 꾸며 내다
		He **made up a story** to tell his children.
		그는 아이들에게 들려 줄 이야기를 꾸며 냈다.

18	**shake hands with**	~와 악수를 하다
		They **shake hands with** each other.
		그들은 서로 악수를 나눈다.

19	**stop -ing**	~하는 것을 멈추다
		I can't **stop** playing computer games.
		나는 컴퓨터 게임 하는 것을 멈출 수가 없다.

> **이해** 「stop -ing」와 「stop to+동사원형」은 의미가 다릅니다. 예를 들어, stop eating은 '먹는 것을 멈추다(그만 먹다)'라는 뜻이지만 stop to eat은 '먹기 위해 (하던 일을) 멈추다'라는 뜻이에요.

20	**the rest of**	~의 나머지, 나머지의 ~
	비교 most of ~의 대부분	The man lived as a writer for **the rest of** his life.
		그 남자는 남은 생애 동안 작가로 살았다.

Daily Test

16th

A 영어는 우리말로, 우리말은 영어로 써 봅시다.

1 shake hands with

2 be afraid of

3 hope to+동사원형

4 이야기를 만들다, 꾸며 내다

5 서두르다

6 옳은 일을 하다

B 보기에서 알맞은 말을 찾아 문장을 완성해 봅시다. (필요하면 어형 등을 바꾸세요.)

| 보기 | fail to | best of all | look after | hold back |

1 A man at the door _____ the people.
문가에 있던 남자가 사람들을 막았다.

2 _____, I can live with my family.
무엇보다도, 제 가족과 함께 살 수 있어요.

3 I'll _____ the baby while you're gone.
네가 떠나 있는 동안에 내가 아기를 돌볼게.

4 She _____ contact him in time.
그녀는 그에게 제시간에 연락하지 못했다.

C 우리말 뜻에 맞도록 빈칸에 알맞은 말을 써 봅시다.

1 You can do the _____ of the work tomorrow.
당신은 나머지 일을 내일 해도 돼요.

2 Paul got _____ from Australia last week.
Paul은 지난주에 호주에서 돌아왔어요.

3 I don't really care _____ rumors.
나는 소문들에는 별로 신경 쓰지 않아요.

4 Are you ready _____ order?
주문할 준비가 되셨습니까?

정답 **A** 1 ~와 악수를 하다 2 ~을 두려워하다 3 ~하기를 바라다[희망하다] 4 make up a story 5 hurry up 6 do the right thing　**B** 1 held back 2 Best of all 3 look after 4 failed to　**C** 1 rest 2 back 3 about 4 to　**D** 1 nor → or 2 the end → in the end 3 to walk → walking　**E** 1 I need to ask you a favor. 2 Go down the street until you see the bank. 3 He got up early to catch the train.

68

D 문장에서 잘못된 부분을 찾아 바르게 고쳐 봅시다.

1 I think she is either Canadian nor American.
나는 그녀가 캐나다인이거나 미국인이라고 생각해.

_____ → _____

2 The plan failed the end. 그 계획이 결국에는 실패했다.

_____ → _____

3 He was tired, so he stopped to walk. 그는 피곤해서 걸음을 멈추었다.

_____ → _____

E 우리말 뜻에 맞도록 주어진 말을 배열해 봅시다.

1 나는 너에게 부탁을 해야 해.

→ _____

(I, ask, need to, a favor, you)

2 은행이 보일 때까지 길을 따라 내려가세요.

→ _____

(down, until, you, Go, the street, the bank, see)

3 그는 기차를 타기 위해 일찍 일어났다.

→ _____

(got up, to, the train, He, catch, early)

서술형이 쉬워지는 숙어를 이용해 장래희망을 써 봅시다. 보기에서 각 빈칸에 알맞은 직업을 찾아 문장을 완성하세요. [유형 16. 장래희망 나타내기]

보기
a musician
a chef
a nurse

1 I can cook delicious dishes.
I _____ to be _____.

2 I _____ be _____.
I like to help people.

3 I am interested in playing the drums.
I _____ in the future.

정답 1 hope, a chef 2 hope to, a nurse 3 hope to be a musician
해석 1 나는 맛있는 요리를 만들 수 있다. 나는 요리사가 되기를 희망한다. 2. 나는 간호사가 되기를 바란다. 나는 사람들을 돕는 것을 좋아한다. 3 나는 드럼을 연주하는 것에 관심이 있다. 나는 미래에 음악가가 되기를 희망한다.

01	**according to**	~에 따르면, ~에 따라
		According to the doctor, I should eat more vegetables.
		의사 선생님 말씀에 따르면, 나는 채소를 더 많이 먹어야 해.

02	**at a time**	한 번에
		Let's just do one thing **at a time**.
		한 번에 한 가지씩만 하자.

03	**be crowded with**	~으로 붐비다
		The City Hall **is crowded with** people.
		시청은 사람들로 붐비고 있다.

| 04 | **be moved by** | ~에 감동받다 |
| | | I **was moved by** the story. 나는 그 이야기에 감동받았다. |

서술형이 쉬워지는 숙어

05	**be satisfied with** 반대 be dissatisfied with ~에 만족하지 못하다	~에 만족하다
		They **are satisfied with** the result.
		그들은 그 결과에 만족하고 있다.

06	**check in** 반대 check out (호텔에서) 계산을 하고 나오다	(호텔에서) 숙박 수속을 하다; (공항에서) 탑승 수속을 하다
		I **check in** three hours before the departure time.
		나는 (비행기) 출발 시간 세 시간 전에 탑승 수속을 한다.

07	**decide to + 동사원형**	~하기로 결심하다
		My sister and I **decided to** go to Jejudo for our vacation.
		언니와 나는 방학 때 제주도에 가기로 결심했다.

08	**fill out** 유사 fill in 기입하다	기입하다, 작성하다
		Please **fill out** this form.
		이 양식을 작성해 주세요.

09	**get better** 반대 get worse 더 나빠지다 비교 get well (병이) 낫다	나아지다, 좋아지다
		I hope my brother will **get better** soon.
		내 남동생이 빨리 회복되었으면 좋겠어.

10	**go[be] on a diet**	식이요법을[다이어트를] 하다
		He will **go on a diet** to stay healthy.
		그는 건강을 유지하기 위해 다이어트를 할 것이다.

11	**how nice**	얼마나 멋진, 정말 멋진
		How nice he is!
		그는 얼마나 멋있는가! (그는 정말 멋있어!)

> **이하** nice뿐 아니라 다른 형용사를 사용할 수 있습니다. 예를 들어, How fast!는 '정말 빠르구나!'의 의미를 나타냅니다. 이외에도 How kind!(정말 친절하구나!), How awful!(정말 끔찍해!) 등 다양하게 활용할 수 있어요.

12	**in order to + 동사원형**	~하기 위해서
	유사 so as to + 동사원형	My friend went to Europe **in order to** study music.
	~하기 위하여	내 친구는 음악을 공부하기 위해 유럽에 갔다.

13	**look good on**	~에게 잘 어울리다
		The red dress **looks** really **good on** you.
		그 빨간색 드레스가 너에게 정말 잘 어울려.

14	**more and more**	점점 더 많은
	반대 less and less 점점 더 적은	**More and more** people are choosing to learn English.
		점점 더 많은 사람들이 영어를 배우기로 선택하고 있다.

15	**plenty of**	많은; 충분한
		She has **plenty of** dolls.
		그녀는 많은 인형을 가지고 있어요.

16	**run across**	(도로 등을) 뛰어 건너다; 우연히 마주치다
	유사 come across	He **ran across** the road.
	우연히 마주치다	그는 뛰어서 길을 건넜다.

17	**show A to B**	B에게 A를 보여 주다
	유사 show B A	Shall I **show** this product **to** you?
	B에게 A를 보여 주다	이 상품 좀 보여 드릴까요?

18	**study for an exam**	시험공부를 하다
		They are **studying for an exam** at the library.
		그들은 도서관에서 시험공부를 하는 중이다.

| 19 | **talk to oneself** | 혼잣말을 하다 |
| | | I **talk to myself** all the time. 저는 항상 혼잣말을 해요. |

20	**write down**	~을 써 두다, ~을 적다
		Please **write down** your telephone number here.
		여기에 전화번호를 적어 주세요.

A 영어는 우리말로, 우리말은 영어로 써 봅시다.

1 more and more

2 write down

3 go[be] on a diet

4 나아지다, 좋아지다

5 기입하다, 작성하다

6 시험공부를 하다

B 보기에서 알맞은 말을 찾아 문장을 완성해 봅시다. (필요하면 어형 등을 바꾸세요.)

| 보기 | in order to | decide to | at a time | moved by |

1 We _____ go to the museum.
우리는 박물관에 가기로 결정했다.

2 It's difficult to do two things _____.
한 번에 두 가지 일을 하는 것은 어렵다.

3 He arrived early _____ get a good seat.
그는 좋은 자리를 잡기 위해 일찍 도착했다.

4 She was deeply _____ his speech.
그녀는 그의 말에 깊이 감동받았다.

C 우리말 뜻에 맞도록 빈칸에 알맞은 말을 써 봅시다.

1 Let's check _____ at the hotel now.
지금 호텔에 체크인하자.

2 A: Who is he speaking to? 그는 누구와 이야기를 하는 거니?
B: Well, I think he is talking _____ himself right now.
음, 내 생각엔 그는 지금 혼잣말을 하고 있는 것 같아.

3 The center of London is crowded _____ tourists.
런던 중심가는 관광객들로 붐빈다.

4 The white shirt looks good _____ him.
그 흰색 셔츠가 그에게 잘 어울린다.

정답 **A 1** 점점 더 많은 **2** ~을 써 두다, ~을 적다 **3** 식이요법을[다이어트를] 하다 **4** get better **5** fill out **6** study for an exam **B 1** decided to **2** at a time **3** in order to **4** moved by **C 1** in **2** to **3** with **4** on **D 1** to → with **2** with → to **3** According → According to **E 1** 그녀는 정말 멋진걸! **2** 그 가수에게는 팬이 많다. **3** 그는 가게에서 우연히 오랜 친구를 만났다.

72

문장에서 **잘못된** 부분을 찾아 바르게 고쳐 봅시다.

1 Rachel is satisfied to her new job.
   Rachel은 그녀의 새로운 직업에 만족한다.
   _____ → _____

2 Can you show your new camera with me?
   네 새 카메라를 나에게 보여 줄 수 있니?
   _____ → _____

3 According the news, it will rain tomorrow.
   뉴스에 따르면, 내일은 비가 올 것이다.
   _____ → _____

E 문장의 뜻을 우리말로 바꾸어 봅시다.

1 How nice she is!
   → _____

2 The singer has plenty of fans.
   → _____

3 He ran across his old friend at the store.
   → _____

서술형이 쉬워지는 숙어를 이용하여 만족과 불만족을 나타내는 글을 써 봅시다.
아래 표를 보고 레스토랑 리뷰를 완성하세요. [유형 17. 만족 · 불만족 말하기]

Tony's Pizza	
food	★ ★ ★ ★ ☆
music	★ ★ ☆ ☆ ☆
service	★ ★ ★ ★ ★
overall	★ ★ ★ ★ ☆

I visited Tony's Pizza yesterday. I was very satisfied _____ the food there. The pizza was delicious. However, I was _____ _____ the background music. It was too loud. Their service was great. In general, I _____ _____ Tony's Pizza.

정답 with, not satisfied with, was satisfied with
해석 나는 어제 Tony's Pizza를 방문했다. 나는 그곳의 음식에 아주 만족했다. 피자가 맛있었다. 하지만, 나는 배경 음악에 만족하지 못했다. 너무 시끄러웠다. 그들의 서비스는 훌륭했다. 전반적으로, 나는 Tony's Pizza에 만족했다.

01 as much as
비교 as many as
(수가) ~만큼

(양이) ~만큼
She enjoys watching movies **as much as** I do.
그녀는 나만큼 영화 보는 것을 즐긴다.

02 be made of
비교 be made from
~으로 만들어지다

~으로 만들어지다
This table **is made of** wood. 이 책상은 나무로 만들어졌다.

> 이해 be made of는 탁자, 의자와 같이 제품이 재료의 형태를 보존하는 경우에 쓰입니다. 반면에 be made from은 치즈나 포도주같이 재료(각각 우유, 포도)가 화학적 반응에 의해 전혀 다른 형태로 바뀌는 경우에 사용하므로 주의해야 해요.

03 between A and B

A와 B 사이에
She is sitting **between** Jessica **and** Judy.
그녀는 Jessica와 Judy 사이에 앉아 있어.

04 clean up

청소하다
Clean up your room right now!
지금 당장 네 방을 청소하렴!

05 fall in love (with)

(~와) 사랑에 빠지다
They **fell in love with** each other.
그들은 서로 사랑에 빠졌다.

06 for a long time

오랫동안
He calls her every day and talks **for a long time**.
그는 그녀에게 매일 전화를 걸어 오랫동안 얘기한다.

07 go back to

~로 돌아가다
I'll miss Korean food when I **go back to** England.
나는 영국으로 돌아가면 한국 음식이 그리워질 거야.

08 go for lunch

점심 식사하러 가다
It's 1 o'clock already. Let's **go for lunch**.
벌써 1시네요. 점심 먹으러 갑시다.

서술형이 쉬워지는 숙어

09 have to + 동사원형
유사 must + 동사원형 ~해야 한다

~해야 한다
I **have to** study harder to get a good grade.
나는 좋은 성적을 받기 위해 더 열심히 공부해야 한다.

10	**jump out of**	~에서 뛰쳐나오다
		The tiger **jumped out of** the cage.
		호랑이가 우리에서 뛰쳐나왔다.

11	**leave home**	집을 떠나다
		When he **left home**, it was raining.
		그가 집을 떠날 때, 비가 내리고 있었다.

12	**look like**	~처럼 보이다
	비교 look + 형용사 ~하게 보이다	You don't **look like** an angry man.
	비교 sound like ~처럼 들리다	너는 화난 사람처럼 보이지 않아.

13	**make a difference**	변화를 가져오다, 차이가 있다
		Marriage **made a** big **difference** to their lives.
		결혼은 그들의 삶에 큰 변화를 가져왔다.

14	**most of all**	무엇보다도
	유사 first of all, best of all	**Most of all**, I miss my grandparents.
	무엇보다도	무엇보다도, 나는 할아버지 할머니가 그리워요.

15	**need A for B**	B를 위해 A가 필요하다
		I **need** some books **for** my little brother.
		저는 남동생을 위한 책이 몇 권 필요해요.

16	**not only A but (also) B**	A뿐만 아니라 B도
	유사 B as well as A	She is giving the little birds **not only** food **but** love.
	A뿐만 아니라 B도	그녀는 작은 새들에게 먹이뿐만 아니라 사랑도 주고 있어요.

17	**pass a test**	시험에 통과하다
	반대 fail a test 시험에 떨어지다	John missed many classes. Do you think he can **pass the test**?
		John은 많은 수업에 빠졌어. 그가 시험을 통과할 수 있을 것 같니?

18	**stay out**	밖에 있다, 집에 안 들어가다
		I want to **stay out** late but I can't.
		난 밤늦게까지 밖에서 놀고 싶지만, 그럴 수 없어.

19	**take a walk**	산책하다
	유사 go for a walk 산책하러 가다	Let's **take a walk** together. 같이 산책하자.

20	**thousands of**	수천의 ~
	비교 hundreds of 수백의 ~	He got **thousands of** messages from his fans.
		그는 팬들로부터 수천 통의 메시지를 받았다.

A 영어는 우리말로, 우리말은 영어로 써 봅시다.

1 look like

2 pass a test

3 clean up

4 ~에서 뛰쳐나오다

5 무엇보다도

6 (~와) 사랑에 빠지다

B 보기에서 알맞은 말을 찾아 문장을 완성해 봅시다. (필요하면 어형 등을 바꾸세요.)

| 보기 | **have to** | **thousands of** | **stay out** | **leave home** |

1 She asked me to _____ of her room.
그녀는 내게 그녀의 방 밖에 있으라고 요청했다.

2 She _____ to go to school at eight.
그녀는 학교에 가기 위해 여덟 시에 집에서 나온다.

3 Last year _____ people lost their jobs.
작년에 수천 명의 사람들이 일자리를 잃었다.

4 I _____ run fast to catch the bus.
나는 버스를 잡기 위해 빠르게 뛰어야 했다.

C 우리말 뜻에 맞도록 빈칸에 알맞은 말을 써 봅시다.

1 She will go _____ to her office soon.
그녀는 곧 사무실로 돌아갈 거예요.

2 I haven't met my friends _____ a long time.
나는 오랫동안 친구들을 만나지 못했다.

3 Take as much _____ you need.
필요한 만큼 가져가세요.

4 He can speak not _____ English but _____ Korean.
그는 영어뿐만 아니라 한국어도 할 수 있다.

정답 **A** 1 ~처럼 보이다 2 시험에 통과하다 3 청소하다 4 jump out of 5 most of all 6 fall in love (with) **B** 1 stay out 2 leaves home 3 thousands of 4 had to **C** 1 back 2 for 3 as 4 only, also **D** 1 about → of 2 among → between 3 get → make **E** 1 I need paper cups for a picnic. 2 The children went for lunch. 3 We often take a walk in the evening.

D 문장에서 잘못된 부분을 찾아 바르게 고쳐 봅시다.

1 Notebooks are made about paper.
공책은 종이로 만들어졌다.

_____ → _____

2 A bakery is among the flower shop and the library.
제과점은 꽃 가게와 도서관 사이에 있다.

_____ → _____

3 Exercise can get a big difference to your health.
운동은 너의 건강에 큰 변화를 가져올 수 있다.

_____ → _____

E 우리말을 영어로 바꾸어 봅시다. (주어진 말을 이용하세요.)

1 저는 소풍을 위한 종이컵들이 필요해요. (paper cups)
→ _____

2 그 아이들은 점심 식사를 하러 갔어요. (the children)
→ _____

3 우리는 종종 저녁에 산책해요. (often)
→ _____

서술형이 쉬워지는 숙어를 이용하여 To-do list(해야 할 일 목록)를 만들어 봅시다. 그림을 보고, 해야 할 일을 찾아 문장을 완성하세요. [유형 18. 의무 표현하기]

1 I have _____ close the window.

2 I _____ clean the floor.

3 I _____ water the flowers.

01	**a kind of**	일종의 ~, ~의 일종 Gimchi is **a kind of** side dish. 김치는 반찬의 일종이에요.
02	**all over the world** 유사 around the world 전 세계에	전 세계에 People from **all over the world** will attend the meeting. 전 세계에서 온 사람들이 그 모임에 참석할 것이다.
03	**as ~ as possible**	가능한 한 ~핸[하게] Try to relax **as much as possible**. 가능한 한 많이 쉬도록 하세요.

🐱 서술형이 쉬워지는 숙어

04	**be famous for** 유사 be known for ~으로 유명하다	~으로 유명하다 This town **is famous for** its cheese. 이 동네는 치즈로 유명하다.
05	**be full of** 유사 be filled with ~으로 가득 차 있다	~으로 가득 차다 His hands **were full of** letters. 그의 손은 편지로 가득 차 있었다.
06	**bring A to B**	A를 B로 가져오다, 데려오다 Can you **bring** that book **to** me? 저 책을 내게 가져다 줄 수 있니?
07	**few of** 비교 a few 약간의	극소수의 ~ **Few of** them play computer games every day. 그들 중 극소수만이 날마다 컴퓨터 게임을 한다.(그들 중 날마다 컴퓨터 게임을 하는 사람은 거의 없다.)

> 이해 a few는 '약간의'라는 뜻이고, a 없이 few라고 하면 부정적인 의미로
'거의 없는'이라는 의미로 쓰이므로 주의해야 합니다.

08	**fight with**	~와 싸우다 No one wants to **fight with** friends. 친구들과 싸우고 싶어하는 사람은 없다.
09	**get A from B**	B로부터 A를 얻다[받다] Mike **got** the book **from** his sister. Mike는 누나에게서 그 책을 받았다.

10	**in no time** **유사** at once 곧, 당장	곧, 당장 I will be back **in no time**. 곧 돌아올게.
11	**major in**	~을 전공하다 She **majors in** English Education in college. 그녀는 대학에서 영어 교육을 전공한다.
12	**on the plane**	비행기에서 You can order food **on the plane**. 비행기에서 음식을 주문하실 수 있습니다.
13	**read A to B** **유사** read B A B에게 A를 읽어 주다	B에게 A를 읽어 주다 Could you **read** a book **to** the children? 아이들에게 책을 읽어 주시겠어요?
14	**sooner or later** **유사** before long 머지않아	조만간, 머지않아 **Sooner or later** they will call us. 조만간 그들이 우리에게 전화를 걸어올 거예요.
15	**step by step**	한 걸음씩, 조금씩, 단계적으로 We can learn how to speak English **step by step**. 우리는 영어를 말하는 법을 단계적으로 배울 수 있어요.
16	**take out**	~을 꺼내다; 내가다 My father **took out** some money from his wallet. 아버지는 지갑에서 돈을 꺼내셨다.
17	**travel to**	~로 여행 가다 I want to **travel to** different countries. 저는 다른 나라로 여행 가고 싶어요.
18	**try on** **비교** put on (옷, 신발 등을) 입다[신다/쓰다]	(옷, 신발 등을) 입어[신어] 보다 **Try on** the shoes before you buy them. 신발을 사기 전에 신어 보렴.
19	**until today/now**	오늘/현재까지 I work here **until today**. 저는 오늘까지 여기에서 일해요.
20	**work for** **유사** work at ~에서 일하다	~를 위해서 일하다, ~에 근무하다 Who do you **work for**? 당신은 누구를 위해 일하시나요? (어디서 일하시나요?)

A 영어는 우리말로, 우리말은 영어로 써 봅시다.

1 on the plane

2 sooner or later

3 work for

4 오늘/현재까지

5 한 걸음씩, 조금씩, 단계적으로

6 일종의 ~, ~의 일종

B 보기에서 알맞은 말을 찾아 문장을 완성해 봅시다. (필요하면 어형 등을 바꾸세요.)

> 보기   all over the world   in no time   be full of   travel to

1 Someday we'll be able to _____ space.
언젠가 우리는 우주로 여행할 수 있게 될 것이다.

2 Soccer is one of the most popular sports _____.
축구는 전 세계에서 가장 인기 있는 스포츠 중 하나이다.

3 The kids will be leaving home _____.
아이들은 곧 집을 떠날 것이다.

4 The glass _____ water.
잔에 물이 가득 차 있다.

C 우리말 뜻에 맞도록 빈칸에 알맞은 말을 써 봅시다.

1 She reads a fairy tale _____ her daughter every night.
그녀는 딸에게 매일 밤 동화를 읽어 준다.

2 I fought _____ my brother yesterday.
난 어제 내 남동생과 싸웠어.

3 Don't forget to bring your cameras _____ class.
수업 시간에 카메라 가져오는 것을 잊지 마세요.

4 I got a new backpack _____ my parents yesterday.
나는 어제 부모님으로부터 새 배낭을 받았다.

정답 **A** 1 비행기에서 2 조만간, 머지않아 3 ~를 위해서 일하다, ~에 근무하다 4 until today/now 5 step by step 6 a kind of **B** 1 travel to 2 all over the world 3 in no time 4 is full of **C** 1 to 2 with 3 to 4 from **D** 1 of → in 2 few → few of 3 off → on **E** 1 서울은 무엇으로 유명한가요? 2 가능한 한 빨리 너에게 전화할게. 3 여러분, 종이 한 장을 꺼내세요.

D 문장이나 대화에서 잘못된 부분을 찾아 바르게 고쳐 봅시다.

1 He majored of math at the university. 그는 대학에서 수학을 전공했어.

_____ → _____

2 Very few his books are worth reading.
그의 책들 중 극히 소수만이 읽을 가치가 있다.

_____ → _____

3 A: Mom, I want to buy this jacket. 엄마, 저 이 재킷 사고 싶어요.
B: Try it off first. 우선 그것을 입어 보렴.

_____ → _____

E 문장의 뜻을 우리말로 바꾸어 봅시다.

1 What's Seoul famous for?

→ _____

2 I'll call you as soon as possible.

→ _____

3 Everyone, take out a piece of paper.

→ _____

서술형이 쉬워지는 숙어를 이용하여 관광지를 홍보하는 글을 써 봅시다. 로마에 대한 아래 글을 읽고 밑줄 친 부분을 바르게 고쳐 쓰세요. [유형 19. 홍보하기]

┌─ Welcome to Rome! ─────────────────────────

Rome is famous <u>in</u> its long history. There are many old beautiful buildings. Also, Rome <u>famous</u> for its delicious food. Rome <u>are famous with</u> pasta, ice cream and coffee.
Visit Rome now!

└──

1 in → _____

2 famous → _____

3 are famous with → _____

정답 1 for 2 is famous 3 is famous for
해석 로마에 오신 것을 환영합니다! 로마는 긴 역사로 유명합니다. 오래된 아름다운 건물들이 많이 있습니다. 또한, 로마는 맛있는 음식으로 유명합니다. 로마는 파스타, 아이스크림, 커피로 유명합니다. 지금 로마를 방문하세요!

01 a piece of cake

쉬운 일, 식은 죽 먹기
To me, riding a bicycle is **a piece of cake**.
나에게, 자전거 타는 일은 식은 죽 먹기이다.

02 at times

유사 from time to time,
now and then 때때로

때때로
At times I don't understand her at all.
때때로 나는 그녀의 말을 전혀 알아듣지 못한다.

03 be different from

유사 differ from ~와 다르다

~과 다르다
This one **is different from** that one.
이것은 저것과 다르다.

04 be disappointed at[with]

~에 실망하다
I'm **disappointed with** this movie.
나는 이 영화에 실망했어.

🐱 서술형이 쉬워지는 숙어

05 be good at

반대 be poor at ~에 서툴다

~을 잘하다, ~에 능숙하다
My father **is good at** playing tennis.
우리 아버지께서는 테니스를 잘 치신다.

06 change one's mind

마음을 바꾸다
He was going to leave tomorrow, but he **changed his mind**. 그는 내일 떠나려 했으나 마음을 바꾸었다.

07 continue to + 동사원형

계속 ~하다
The price of oil **continues to** rise.
석유의 가격이 계속 오르고 있다.

08 far away (from)

멀리 떨어진 곳에
She lives **far away from** her hometown.
그녀는 고향에서 멀리 떨어진 곳에 산다.

09 from A to B

A에서 B까지
Count the numbers **from** 1 **to** 10.
1부터 10까지 숫자를 세어 보세요.

10 gain weight

반대 lose weight 살을 빼다

살이 찌다, 체중이 늘다
I've **gained weight** recently. 난 최근에 체중이 늘었어.

11	**get old**	나이가 들다
		When you **get old**, you'll see what I mean.
		네가 나이가 들면 내 말을 이해하게 될 거야.

12	**have an exam**	시험이 있다
		She is feeling nervous because she **has an exam** today.
		그녀는 오늘 시험이 있어서 긴장하고 있다.

13	**in need**	어려움에 처한, 궁핍한
		He worked hard to help people **in need**.
		그는 어려움에 처한 사람들을 돕기 위해 열심히 일했다.

14	**look out** **유사** watch out (for) (~을) 조심하다	밖을 내다보다; 조심하다
		My friends are **looking out** the window.
		친구들이 창 밖을 내다보고 있다.

15	**make A + 동사원형**	A가 ~하게 하다
		She **made** me clean the yard.
		그녀는 내가 마당을 청소하게 했다.

16	**result in** **비교** result from ~에서 비롯되다	결과를 낳다, ~을 야기하다
		Heavy snow can **result in** many car accidents.
		폭설은 많은 교통사고를 야기할 수 있다.

> **이해** result in 다음에는 결과를 가리키는 내용이 오고, result from 다음에는 원인을 가리키는 내용이 옵니다. A result from B는 'B 때문에 A가 발생한다'는 의미이고, A result in B는 'A 때문에 B라는 결과가 발생한다'는 뜻이에요.

17	**send out**	발송하다
		We **sent out** the wedding invitations.
		우리는 결혼식 초대장을 발송했다.

18	**turn out**	(결과) ~이 되다; ~으로 판명되다
		Everything will **turn out** all right.
		모든 것이 잘 될 거예요.

19	**warm up** **반대** cool down 식히다	준비 운동을 하다; 데우다
		The players are **warming up** before the game.
		선수들이 경기 전에 준비 운동을 하고 있다.

20	**win the race/game/ contest**	경주/경기/대회에서 이기다
		If you practice hard, you'll **win the race**.
		열심히 연습하면, 너는 그 경주에서 이길 거야.

A 영어는 우리말로, 우리말은 영어로 써 봅시다.

1 at times

2 gain weight

3 a piece of cake

4 ~을 잘하다, ~에 능숙하다

5 발송하다

6 (결과) ~이 되다; ~으로 판명되다

B 보기에서 알맞은 말을 찾아 문장을 완성해 봅시다.

보기	result in	warm up	different from	get old

1 I'll _____ the soup for you.
수프를 데워 드릴게요.

2 Driving fast can _____ accidents.
과속 운전은 사고를 야기할 수 있다.

3 Amy's character is quite _____ her sister's.
Amy의 성격은 그녀의 여동생의 성격과 아주 다르다.

4 He said he doesn't want to _____.
그는 나이 들고 싶지 않다고 말했다.

C 우리말 뜻에 맞도록 빈칸에 알맞은 말을 써 봅시다.

1 A: Look _____! A car is coming. 조심해! 차가 오고 있어.
B: I didn't see that. Thanks! 보지 못했어. 고마워!

2 My father _____ me study until late.
아버지는 내가 늦게까지 공부하게 했다.

3 The Lincoln Library is open _____ 9 a.m. _____ 5 p.m. on weekends. 링컨 도서관은 주말에 오전 9시부터 오후 5시까지 문을 연다.

4 We were sitting too far _____ from the screen.
우리는 화면에서 너무 멀리 떨어져 앉아 있었다.

정답 **A** 1 때때로 2 살이 찌다, 체중이 늘다 3 쉬운 일, 식은 죽 먹기 4 be good at 5 send out 6 turn out **B** 1 warm up 2 result in 3 different from 4 get old **C** 1 out 2 made 3 from, to 4 away **D** 1 for → to 2 of → in 3 won in → won **E** 1 Why did you change your mind? 2 They have a science exam tomorrow. 3 I was disappointed at the restaurant's food.

D 문장에서 잘못된 부분을 찾아 바르게 고쳐 봅시다.

1 She continued for sing beautiful songs. 그녀는 아름다운 노래를 계속 불렀다.

_____ → _____

2 He helps me whenever I'm of need. 그는 내가 어려움에 처할 때마다 도와준다.

_____ → _____

3 Taemin finally won in the game. 태민이는 마침내 경기에서 이겼다.

_____ → _____

E 우리말 뜻에 맞도록 주어진 말을 배열해 봅시다.

1 왜 너는 마음을 바꾸었니?

→ _____

(Why, you, change, mind, did, your)

2 그들은 내일 과학 시험이 있다.

→ _____

(have, They, exam, tomorrow, a, science)

3 나는 그 식당의 음식에 실망했다.

→ _____

(disappointed, the restaurant's food, at, I, was)

서술형이 쉬워지는 숙어를 이용하여 자기소개서를 완성해 봅시다. 주어진 단어
를 이용하여 Ellen의 장점 세 가지를 써 보세요. [유형 20. 능력 표현하기]

Fashion designer
Ellen Kim

• I am _____ at making beautiful clothes.
• I have many ideas in my head.
  I am good _____ creatively. (think)
• I can work well with a team.
  I _____ with people.
  (communicate)

정답 good, at thinking, am good at communicating
해석 • 저는 아름다운 옷을 만드는 것에 능숙합니다. • 저는 많은 아이디어가 있습니다. 저는 창의적으로 생각하는
것에 능숙합니다. • 저는 팀으로 일을 잘 합니다. 저는 사람들과 소통하는 것에 능숙합니다.

420/1000

---

01 a set of
유사 a series of 일련의 ～

일련의 ～
It is very important to follow **a set of** rules.
일련의 규칙을 따르는 것은 매우 중요하다.

---

02 along with

～와 함께, ～에 덧붙여
He sent her a present **along with** a letter.
그는 그녀에게 편지와 함께 선물을 보냈다.

---

03 at the age of

～의 나이에
At the age of 30, he decided to become a doctor.
서른의 나이에, 그는 의사가 되기로 결심했다.

---

04 be known as
비교 be known for ～으로 유명하다

～으로 알려져 있다
She **is known as** a wonderful singer.
그녀는 훌륭한[노래를 잘 부르는] 가수로 알려져 있다.

---

05 be surprised at[by]

～에 놀라다
I **was surprised at** Billy's sudden change.
나는 Billy의 갑작스런 변화에 놀랐다.

---

06 be tired of
유사 be bored of ～에 싫증나다

～에 싫증나다
I'm **tired of** rainy weather.
저는 비 오는 날씨에 질렸어요.

---

07 check out
반대 check in (공항, 호텔에서)
탑승/숙박 수속을 하다

(도서관의 책을) 대출받다; (호텔에서) 계산을 하고 나오다
I need to **check out** a book.
난 책을 한 권 대출받아야 해.

---

08 forget about

～에 대해 잊다
Forget about your work and have fun today.
일에 대해서는 잊고 오늘은 재미있게 보내세요.

---

09 get a call

전화를 받다
I **got a call** from my aunt in New York.
저는 뉴욕에 계신 이모로부터 전화를 받았어요.

---

10 head for

～로 향하다
Where are you **heading for**? 어디로 가는 중이죠?

---

11 **here and there**　여기저기에

I went traveling **here and there** all over the world.

저는 전 세계 이곳저곳을 여행 다녔어요.

12 **in many ways**　여러 가지 면에서

Their lives were different from ours **in many ways**.

그들의 삶은 여러 가지 면에서 우리와 달랐다.

13 **in those days**　그 당시에는

비교 these days 요즘

In those days western movies were popular.

그 당시에는 서부 영화가 인기가 있었다.

 ## 서술형이 쉬워지는 숙어

14 **let me+동사원형**　제가 ~하게 해 주세요

Let me know if you need any help.

도움이 필요하시면 저에게 알려 주세요.

15 **not (~) always**　항상 ~인 것은 아니다

I **don't always** go to that store.

내가 항상 그 가게만 가는 것은 아니다.

16 **on sale**　할인 중인, 판매 중인

비교 for sale 팔려고 내놓은

The books are **on sale** right now.

그 책들은 지금 할인 판매 중이에요.

17 **one another**　서로

유사 each other 서로

Try to help **one another**.

서로 도우려고 애써 보세요.

18 **pull out**　~을 꺼내다; 뽑다

비교 pull up (차를) 멈추다
pull over 차를 길가에 세우다

The dentist **pulled out** a tooth.

치과 의사가 이 하나를 뽑았다.

19 **think over**　(특히 결정을 내리기 전에) ~을 심사숙고 하다

Please **think over** this matter until the next meeting.

이 문제에 대해 다음 회의 때까지 숙고해 주세요.

20 **until late**　늦게까지

I have to work **until late**.

나는 늦게까지 일해야 한다.

A 영어는 우리말로, 우리말은 영어로 써 봅시다.

1 here and there

2 a set of

3 one another

4 ~에 싫증나다

5 전화를 받다

6 그 당시에는

B 보기에서 알맞은 말을 찾아 문장을 완성해 봅시다. (필요하면 어형 등을 바꾸세요.)

보기	in many ways	along with	check out	pull out

1 He _____ a new blue shirt.
그는 파란색 새 셔츠를 꺼냈다.

2 Come _____ me to the concert.
나랑 같이 콘서트에 가자.

3 Her advice is helpful _____.
그녀의 조언은 여러 가지 면에서 도움이 된다.

4 I _____ three books to read on the weekend.
나는 주말에 읽기 위해 3권의 책을 대출했다.

C 우리말 뜻에 맞도록 빈칸에 알맞은 말을 써 봅시다.

1 I'll think it _____ before I make the decision.
결정을 내리기 전에 심사숙고해 볼게요.

2 We talked to each other _____ late.
우리는 늦게까지 서로 이야기했다.

3 Don't forget _____ his birthday next week.
다음 주 그의 생일에 대해 잊지 마.

4 A: Mom, _____ me choose the dessert. 엄마, 제가 디저트를 고르게 해 주세요.
B: Of course. Which one do you want? 물론이지. 어느 것을 원하니?

5 _____ the age of 19, he became a singer.
19세의 나이에 그는 가수가 되었다.

정답 **A 1** 여기저기에 **2** 일련의 ~ **3** 서로 **4** be tired of **5** get a call **6** in those days **B 1** pulled out **2** along with **3** in many ways **4** checked out **C 1** over **2** until **3** about **4** let **5** At **D 1** in → on **2** knowing → known **3** never → not **E 1** The students headed for their school. **2** Jenny is surprised at[by] the news.

D 문장에서 잘못된 부분을 찾아 바르게 고쳐 봅시다.

1 Ice cream is in sale for half price. 아이스크림이 반값에 팔리고 있다.

_____ → _____

2 She is knowing as a writer to most people.
그녀는 대부분의 사람들에게 작가로 알려져 있다.

_____ → _____

3 He does never always watch action movies. 그가 항상 액션 영화만 보는 것은 아니다.

_____ → _____

E 우리말을 영어로 바꾸어 봅시다.

1 그 학생들은 그들의 학교로 향했다.

→ _____

2 Jenny는 그 소식에 놀랐다.

→ _____

서술형이 쉬워지는 숙어를 이용하여 곤경에 처한 사람을 도와주는 대화를 완성
해 봅시다. [유형 21. 도움 주기]

1

A: I lost my wallet.
B: Really? Let _____ help you find it.

2

A: How can I get to the bus terminal?
B: _____ show you the way.

3

A: I can't find my mom.
B: Don't worry. _____ you
find your mom.

정답 **1** me **2** Let me **3** Let me help
해석 **1** A: 지갑을 잃어버렸어요. B: 그래요? 제가 찾는 것을 도와드릴게요. **2** A: 버스 터미널까지 어떻게 가나요?
B: 제가 가는 길을 알려드릴게요. **3** A: 엄마를 찾을 수가 없어요. B: 걱정하지 마. 내가 엄마 찾는 것을 도와줄게.

---

01 after a while

잠시 후에

She left the museum **after a while.**

잠시 후 그녀는 박물관을 떠났다.

---

02 be pleased to+동사원형

비교 be pleased with ~에 기뻐하다

~해서 기쁘다

I'm **pleased to** hear that.

그 이야기를 들으니 기쁘네요..

---

03 be[get] lost

길을 잃다

I think we **are lost.** 우리 길을 잃은 것 같아.

---

04 call out

(큰 소리로) 부르다, 외치다

The nurse **called out** his name.

간호사가 그의 이름을 불렀다.

---

05 come out of

유사 get out of ~에서 나가다

~에서 나오다

A cat **came out of** the room and ran away.

고양이 한 마리가 방에서 나오더니 달아나 버렸다.

---

06 concentrate on

유사 focus on ~에 집중하다

~에 집중하다

I can't **concentrate on** my studies.

나는 공부에 집중할 수가 없어.

---

07 do ~ harm

유사 do damage 해가 되다
반대 do good 이롭다

~에게 해를 끼치다

Luckily, those things didn't **do** me any **harm.**

운 좋게도, 저것들은 나에게 어떤 해도 끼치지 않았다.

---

08 end up

결국 ~(하게) 되다

I **ended up** working here as a teacher.

저는 결국 교사가 되어 여기서 일하게 되었어요.

---

09 for sure

확실히

Nobody knows what happened **for sure.**

무슨 일이 일어났는지 아무도 확실히 모른다.

---

10 for the first time

처음으로

She slept like a baby **for the first time** in weeks.

그녀는 몇 주 만에 처음으로 아기처럼 잤다.

11	**hang up**	전화를 끊다
		Wait a minute, and don't **hang up** the phone.
		전화 끊지 말고 잠시만 기다리세요.

12	**in an accident**	사고로
		She lost her husband **in an accident**.
		그녀는 사고로 남편을 잃었다.

13	**in danger (of)**	(~의) 위험에 처한
		The man said his life was **in danger**.
		그 남자는 자기 생명이 위험에 처했다고 말했다.

14	**make A for B**	B에게 A를 만들어 주다
	유사 make B A	Mom **makes** great pancakes **for** us.
	B에게 A를 만들어 주다	엄마는 우리에게 맛있는 팬케이크를 만들어 주세요.

15	**not A but B**	A가 아니라 B
		He is **not** a judge **but** a lawyer.
		그는 판사가 아니라 변호사다.

16	**pass by**	지나가다
		Time **passes by** so fast.
		시간은 너무나 빨리 지나간다.

17	**start to+동사원형**	~하기 시작하다
	유사 start -ing ~하기 시작하다	I **started to** learn painting.
		나는 그림을 배우기 시작했다.

> 아하 start는 to부정사와 동명사가 모두 목적어로 올 수 있는 동사입니다. 예를 들어, I started to exercise.와 I started exercising.은 둘 다 '나는 운동을 시작했다.'라는 의미입니다.

18	**take a message**	메시지를 받다
	반대 leave a message	Can I **take a message**?
	메시지를 남기다	제가 메시지를 받아 둘까요?

19	**travel around**	~의 이곳저곳을 여행하다
		I **traveled around** Jejudo last winter.
		나는 지난 겨울에 제주도의 이곳저곳을 여행했다.

 서술형이 쉬워지는 숙어

20	**Why don't you ~?**	~하는 게 어때?, ~하지 않을래?
	유사 What[How] about ~?	**Why don't you** go see a doctor?
	~하는 게 어때?	병원에 가 보는 게 어때?

A 영어는 우리말로, 우리말은 영어로 써 봅시다.

1 for sure

2 call out

3 take a message

4 ~해서 기쁘다

5 사고로

6 잠시 후에

B 보기에서 알맞은 말을 찾아 문장을 완성해 봅시다. (필요하면 어형 등을 바꾸세요.)

| 보기 | concentrate on | end up | start to | in danger of |

1 She is _____ losing her job.
그녀는 직장을 잃을 위험에 처했다.

2 Be careful, or you could _____ getting hurt.
조심해, 안 그러면 결국에는 다치게 될지도 몰라.

3 It's too noisy here. I can't _____ my homework.
여긴 너무 시끄러워. 숙제에 집중할 수가 없잖아.

4 Soon, his paintings _____ look more colorful.
곧, 그의 그림들이 좀 더 다채로워 보이기 시작했다.

C 우리말 뜻에 맞도록 빈칸에 알맞은 말을 써 봅시다.

1 Internet can _____ us harm, too.
인터넷은 우리에게 해를 끼칠 수도 있다.

2 Her name is not Alice _____ Elissa.
그녀의 이름은 Alice가 아니라 Elissa예요.

3 Can you come _____ the school at 4?
4시에 학교에서 나올 수 있니?

4 I pass _____ your house on my way to school.
난 학교 가는 길에 너희 집을 지나가.

정답 **A** 1 확실히 2 (큰 소리로) 부르다, 외치다 3 메시지를 받다 4 be pleased to+동사원형 5 in an accident 6 after a while **B** 1 in danger of 2 end up 3 concentrate on 4 started to **C** 1 do 2 but 3 out of 4 by **D** 1 out → up 2 lost → was[got] lost 3 to → around **E** 1 그는 그의 아들에게 장난감 배를 만들어 주었다. 2 오늘 밤엔 일찍 자는 게 어때요? 3 그 소년은 생전 처음으로 눈을 보았다.

92

D 문장이나 대화에서 <u>잘못된</u> 부분을 찾아 바르게 고쳐 봅시다.

1 Don't hang out. I have something else to tell you.
전화 끊지 마세요. 할 얘기가 더 있거든요.

_____ → _____

2 I was hiking with my friend and I lost.
나는 친구와 하이킹을 하다가 길을 잃었다.

_____ → _____

3 A: My uncle traveled to the world before. 삼촌은 전에 세계 이곳저곳을 여행하셨어.
B: How many countries did he visit? 몇 개의 나라를 방문하셨는데?

_____ → _____

E 문장의 뜻을 우리말로 바꾸어 봅시다.

1 He made a toy ship for his son.

→ _____

2 Why don't you go to bed early tonight?

→ _____

3 The boy saw snow for the first time in his life.

→ _____

서술형이 쉬워지는 숙어를 이용하여 한국을 방문한 외국인 관광객에게 먹을 것
과 할 일을 권유하는 문장을 완성해 봅시다. [유형 22. 추천하기]

1 _____ don't you try bibimbap?

2 _____ you visit Hanok Village?

3 _____ watch Samulnori performance?

정답 1 Why 2 Why don't 3 Why don't you
해석 1 비빔밥을 먹어 보는 게 어때요? 2 한옥 마을을 방문하는 게 어때요? 3 사물놀이 공연을 보는 게 어때요?

01 A as well as B
유사 not only B but (also) A
B뿐만 아니라 A도

B뿐만 아니라 A도

Do you know anyone who is kind **as well as** funny?
재미있으면서도 친절한 사람을 알고 있나요?

> 이해
> A as well as B는 not only B but (also) A와 같은 뜻으로 쓰입니다.
> '그녀는 영어뿐만 아니라 일본어도 한다.'는 She speaks Japanese
> as well as English. 또는 She speaks not only English but also
> Japanese.로 표현할 수 있어요.

02 ask for

~을 요청하다, 부탁하다

She **asked for** a glass of water before the interview.
그녀는 면접 전에 물 한 잔을 부탁했다.

03 be filled with
유사 be full of ~로 가득 차다

~으로 가득 차 있다

The hallway **is filled with** smoke.
복도가 연기로 가득 차 있다.

04 be[get] hurt

다치다

Two young men **were** badly **hurt** in the accident.
그 사고로 두 젊은 남자가 심하게 다쳤다.

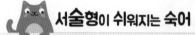

서술형이 쉬워지는 숙어

05 be sorry (that)
비교 feel[be] sorry for
~를 안쓰럽게 여기다

~이라니 유감이다

I **am sorry that** you are leaving.
네가 떠난다니 유감이다.

06 break one's leg

다리가 부러지다

How did he **break his leg**?
그는 어떻게 하다가 다리가 부러졌나요?

07 come across
유사 run across 우연히 마주치다

우연히 마주치다, 발견하다

They **came across** treasure on the island.
그들은 그 섬에서 우연히 보물을 발견했다.

08 for a minute [moment]
유사 for a while 잠깐 동안

잠시 동안

Will you excuse me **for a minute**?
잠시 실례해도 될까요?

09 go away

가버리다, 사라지다

The cloud didn't **go away**. 구름은 사라지지 않았다.

10	**have no idea**	전혀 모르다 I **have no idea** where I am. 제가 어디에 있는지 전혀 모르겠어요.
11	**in addition**	게다가, (~에) 덧붙여 **In addition**, you should exercise regularly. 덧붙여서, 당신은 규칙적으로 운동을 해야 합니다.
12	**in the middle of** 유사 at[in] the center of ~의 한가운데에	~의 한복판에, ~의 중앙에 Why did you call me **in the middle of** the night? 왜 한밤중에 전화하셨나요?
13	**keep A from B** 유사 stop A from B A가 B하지 못하게 하다	A가 B하지 못하게 막다 The parents **kept** their child **from** running around. 부모는 그들의 아이가 뛰어 다니지 못하게 막았다.
14	**make a decision**	결정하다; 결심하다 It's time for us to **make a decision**. 이제 우리가 결정할 때가 되었어요.
15	**mind -ing**	~하는 것을 꺼리다 I don't **mind** being alone. 저는 혼자 있는 것을 꺼려하지 않아요.
16	**stand for**	~을 나타내다, 의미하다 This symbol **stands for** happiness. 이 상징물은 행복을 의미합니다.
17	**stop by** 유사 drop by[in] (~에) 잠깐 들르다	(~에) 잠깐 들르다 I'll **stop by** tomorrow. 내일 잠깐 들를게.
18	**take notes** 유사 write down ~을 적다	적다, 메모하다 Can I **take notes** during your presentation? 당신이 발표하는 동안에 제가 받아 적어도 될까요?
19	**take up**	(시간, 장소 등을) 차지하다 Volunteer work can **take up** a lot of time. 자원봉사 활동에는 많은 시간이 들 수 있습니다.
20	**turn A into B** 유사 change A into B A를 B로 바꾸다	A를 B로 바꾸다 The magician **turned** the rabbit **into** a fox. 그 마술사가 토끼를 여우로 바꿔 놓았다.

A 영어는 우리말로, 우리말은 영어로 써 봅시다.

1 ask for

2 go away

3 be[get] hurt

4 A가 B하지 못하게 막다

5 잠시 동안

6 ~이라니 유감이다

B 보기에서 알맞은 말을 찾아 문장을 완성해 봅시다. (필요하면 어형 등을 바꾸세요.)

> 보기   have no idea   in addition   break one's leg   come across

1 He _____ some old photos.
그는 오래된 사진을 우연히 발견했다.

2 When he played soccer, he _____.
그는 축구를 하다가 다리가 부러졌어.

3 He _____ how to solve the problem.
그는 그 문제를 어떻게 푸는지 전혀 모른다.

4 _____, I lost my wallet on the way home.
게다가, 나는 집으로 오는 길에 지갑을 잃어버렸다.

C 우리말 뜻에 맞도록 빈칸에 알맞은 말을 써 봅시다.

1 You can make a _____ that is right for you.
너는 네게 맞는 결정을 내리면 돼.

2 Please stop _____ when you're in town.
시내에 오시면 부디 들러 주세요.

3 The witch turned the prince _____ a frog.
마녀가 왕자를 개구리로 바꿔 버렸다.

4 My new desk takes _____ too much room.
내 새 책상은 공간을 너무 많이 차지한다.

정답 **A** 1 ~을 요청하다, 부탁하다 2 가버리다, 사라지다 3 다치다 4 keep A from B 5 for a minute[moment] 6 be sorry (that) **B** 1 came across 2 broke his leg 3 has no idea 4 In addition **C** 1 decision 2 by 3 into 4 up **D** 1 of → with 2 both → as 3 eat → eating **E** 1 What does VIP stand for? 2 The boat stopped in the middle of the river. 3 Do you take notes during the class?

D 문장이나 대화에서 <u>잘못된</u> 부분을 찾아 바르게 고쳐 봅시다.

1 Your shoes are filled of sand. 네 신발은 모래로 가득하구나.

　　_____ → _____

2 They have a dog both well as two rabbits.
그들은 토끼 두 마리뿐만 아니라 개도 한 마리 있다.

　　_____ → _____

3 A: Would it be okay to have dinner at 8? 8시에 저녁을 먹어도 괜찮을까?
B: Sure, I don't mind eat late. 물론이지, 늦게 먹는 거 괜찮아.

　　_____ → _____

E 우리말을 영어로 바꾸어 봅시다.

1 VIP는 무엇을 의미하니?

　→ _____

2 그 보트가 강 한가운데에서 멈췄다.

　→ _____

3 너는 수업 시간 동안에 필기하니?

　→ _____

서술형이 쉬워지는 숙어를 이용하여 친구를 위로해 봅시다. 그림을 보고, 문장을
완성하세요. [유형 23. 유감 표현하기]

1

2

3

1 I am _____ that your grandfather is sick.

2 I _____ that you lost your laptop.

3 I _____ you broke your leg.

정답 1 sorry 2 am sorry 3 am sorry that
해석 1 할아버지께서 아프시다니 유감이에요. 2 노트북을 잃어버렸다니 유감이에요. 3 다리가 부러졌다니 유감이에요.

01 at least
반대 at most 기껏해야
비교 at last 마침내

적어도
The book will cost **at least** 10 dollars.
그 책은 가격이 적어도 10달러는 될 거야.

02 be held
유사 take place (행사 등이) 열리다

(행사 등이) 열리다, 개최되다
The Olympic Games **are held** every four years.
올림픽 대회는 4년마다 열린다.

03 be made up of
유사 consist of ~으로 이루어지다

~으로 이루어지다
The city **is made up of** six main areas.
그 도시는 6개의 주요 구역으로 이루어져 있다.

04 catch an opportunity

기회를 잡다
You can **catch an opportunity** if you want to.
당신이 원하면 기회를 잡을 수 있어요.

05 complain about[of]

~에 대해 불평하다
He **complains about** the food all the time.
그는 항상 음식에 대해 불평한다.

06 do an experiment

실험하다
They are **doing an experiment** about animals.
그들은 동물에 관한 실험을 하고 있다.

07 far from

~에서 멀리
My house is **far from** the city.
나의 집은 도시에서 멀리 떨어져 있다.

> **이하** far from은 거리상 멀리 떨어져 있다는 의미이지만, '전혀 ~이 아닌'의
> 의미로도 쓰입니다. This is far from the truth.라고 하면, '이것은 전
> 혀 진실이 아니다.'라는 의미가 되지요.

08 get off
반대 get on (탈 것에) 타다

(탈 것에서) 내리다
I will **get off** at Porter Square. 난 포터 광장에서 내릴 거야.

09 have a chance to
+동사원형

~할 기회가 있다
She still **has a chance to** improve.
그녀는 아직 발전할 기회가 있다.

10 in other words

다시 말해서
In other words, I trust her. 다시 말해서, 나는 그녀를 믿어.

11	**in the beginning** **반대** in the end 결국에는, 마침내	처음에 **In the beginning**, the members didn't get along. 처음에 회원들은 사이좋게 지내지 않았다.
12	**much more**	훨씬 더 People will have **much more** free time in the future. 사람들은 미래에 훨씬 더 많은 여가 시간을 갖게 될 거야.
13	**out of sight** **반대** in sight 보이는 (곳에)	안 보이는 (곳에) He walked until the house was **out of sight**. 그는 집이 보이지 않을 때까지 걸었다.
14	**put away**	치우다, 버리다 Can you please **put** that **away**? 그것을 좀 치워 주시겠어요?
15	**take one's time**	(시간 여유를 갖고) 천천히 하다, 서두르지 않다 You can **take your time**. 너는 서두르지 않아도 돼.
16	**treat A as B**	A를 B로 대하다[여기다] They **treat** me **as** one of the family. 그들은 나를 가족의 한 사람으로 대해 준다.
17	**upside down**	거꾸로, 뒤집혀 Put it **upside down** on the table. 그것을 탁자 위에 거꾸로 올려 놓으세요.

서술형이 쉬워지는 숙어

18	**used to + 동사원형** **비교** be[get] used to ~에 익숙하다	(과거에) ~하곤 했다, ~이었다 She **used to** play the violin. 그녀는 바이올린을 연주하곤 했다.
19	**walk away**	걸어 나가다; 떠나 버리다 She **walked away** silently. 그녀는 조용히 걸어 나갔다.
20	**without question** **유사** without doubt 의심할 여지없이	의심할 여지없이, 틀림없이 My parents will support my decision **without question**. 의심할 여지없이 저희 부모님은 제 결정을 지지해 주실 거예요.

A 영어는 우리말로, 우리말은 영어로 써 봅시다.

1 catch an opportunity

2 at least

3 used to+동사원형

4 훨씬 더

5 실험하다

6 다시 말해서

B 보기에서 알맞은 말을 찾아 문장을 완성해 봅시다.

| 보기 | be held | complain about | without question | put away |

1 Let's _____ our cups for a moment.
컵들을 잠시 치워 둡시다.

2 The election will _____ on 8th of July.
선거는 7월 8일에 행해질 것이다.

3 He is lying _____.
그는 의심할 여지없이 거짓말을 하고 있는 거예요.

4 I try not to _____ anything.
나는 어떤 것에도 불평하지 않으려고 노력한다.

C 우리말 뜻에 맞도록 빈칸에 알맞은 말을 써 봅시다.

1 Bats hang upside _____ in a cave.
박쥐들은 동굴 속에서 거꾸로 매달려 있다.

2 _____ your time and decide.
시간을 갖고 결정하도록 해.

3 Does your brother live far _____ here?
너희 오빠는 여기서 먼 곳에 사니?

4 Please don't treat me _____ a guest.
저를 손님으로 대하지 말아 주세요.

정답 **A 1** 기회를 잡다 **2** 적어도 **3** (과거에) ~하곤 했다. ~이었다 **4** much more **5** do an experiment **6** in other words **B 1** put away **2** be held **3** without question **4** complain about **C 1** down **2** Take **3** from **4** as **D 1** take → get **2** made up → made up of **3** out → out of **E 1** 나는 그녀에게 이야기할 기회가 없었다. **2** 그는 떠나고 싶어하지 않았다. **3** 처음에 사람들은 그녀의 아이디어를 비웃었다.

D 문장에서 <u>잘못된</u> 부분을 찾아 바르게 고쳐 봅시다.

1 She will take off the train at the next station.

그녀는 다음 역에서 기차에서 내릴 거야.

_____ → _____

2 The school band is made up 6 girls and 5 boys.

학교 밴드는 6명의 소녀와 5명의 소년으로 이루어져 있다.

_____ → _____

3 My parents waved until my car was out sight.

부모님께서는 내 차가 안 보일 때까지 손을 흔드셨다.

_____ → _____

E 문장의 뜻을 우리말로 바꾸어 봅시다.

1 I didn't have a chance to talk to her.

→ _____

2 He didn't want to walk away.

→ _____

3 People laughed at her idea in the beginning.

→ _____

서술형이 쉬워지는 숙어를 이용하여 Jake의 과거 습관을 묘사하는 문장을 완성

해 봅시다. [유형 24. 과거의 습관 나타내기]

1 Jake ate seafood before. But he doesn't eat it now.

→ Jake _____ to eat seafood.

2 Jake studied Japanese last year. This year he studies Chinese.

→ Jake _____ study Japanese.

3 Jake played soccer when he was young. He plays baseball these days.

→ Jake _____ soccer.

정답 1 used 2 used to 3 used to play

해석 1 Jake는 전에는 해산물을 먹었다. 하지만 지금은 먹지 않는다. → Jake는 전에 해산물을 먹었었다. 2 Jake는 작년에 일본어를 공부했다. 이번 해에는 그는 중국어를 공부한다. → Jake는 전에 일본어를 공부했었다. 3 Jake는 어렸을 때 축구를 했다. 그는 요즘은 야구를 한다. → Jake는 전에 축구를 했었다.

01	**a variety of**	다양한 ~

I have friends from **a variety of** backgrounds.
나는 다양한 배경을 가진 친구들이 있다.

02	**all of**	~의 전부

All of my family had a great time.
우리 가족은 모두 즐거운 시간을 가졌어요.

 ## 서술형이 쉬워지는 숙어

03	**as ~ as ...**	…만큼 ~한

반대 not so[as] ~ as ...
…만큼 ~하지 않은

He is **as** strong **as** his father.
그는 그의 아버지만큼 힘이 세.

04	**be good for**	~에 좋다, ~에 유익하다

반대 be bad for ~에 좋지 않다
비교 be good at ~에 능숙하다

Drinking milk **is good for** children.
우유를 마시는 것은 아이들에게 좋다.

05	**believe in**	~을 믿다

You need to **believe in** yourself. 너는 너 자신을 믿어야 해.

06	**bring about**	야기하다, 초래하다

Global warming **brings about** unexpected weather
changes.
지구 온난화는 예기치 않은 날씨 변화를 초래한다.

07	**cannot afford to** +동사원형	~할 여유가 없다

I **cannot afford to** raise five dogs.
저는 개를 다섯 마리나 키울 여유가 없어요.

08	**check over**	~을 자세히 살피다, 점검하다

유사 go through ~을 살펴보다

Check over your report again and again.
보고서를 반복해서 점검해라.

09	**depend on[upon]**	~에 의지하다, ~에 달려 있다

유사 rely on[upon] ~에 의지하다

Your success **depends on** your efforts.
네 성공은 네 노력에 달려 있어.

10	**fall down**	넘어지다

The kid **fell down** the stairs. 그 아이는 계단에서 넘어졌다.

11 for free
유사 for nothing 무료로

무료로
We can ride this bus **for free**.
우리는 이 버스를 무료로 탈 수 있어.

12 in control (of)

~을 관리하고 있는
I am **in control of** the plant.
나는 그 공장을 관리하고 있다.

13 more than
반대 less than ~보다 적은, ~ 미만

~보다 많은, ~ 이상
More than half of the audience cried.
관중의 절반이 넘는 사람들이 울었다.

14 not (~) all

전부 ~은 아닌
I haven't spent **all** the money you gave me.
나는 네가 준 돈을 전부 다 쓴 건 아니야.

15 out of date
반대 up to date 최신(식)의

시대에 뒤떨어진, 구식의
Fashion trends become **out of date** very quickly.
패션 트렌드는 매우 빠르게 구식이 되어 버린다.

16 pay back
유사 pay off 갚다

(빌린 돈을) 갚다; 보답하다
You must **pay back** the money by tomorrow!
당신은 내일까지 그 돈을 갚아야 해요!

17 shout to

~에게 소리치다
I needed help, so I **shouted to** my friends.
나는 도움이 필요해서 친구들에게 소리쳤다.

18 the other day

지난번, 일전에
I met him at a party **the other day**.
나는 일전에 파티에서 그를 만났어.

19 to be honest

솔직히 말하면
To be honest, I think she is the best chef.
솔직히 말하면, 나는 그녀가 최고의 요리사라고 생각해.

20 work out

~을 해결하다; 운동하다
He tried hard to **work out** the problem.
그는 그 문제를 해결하려고 열심히 노력했다.

> **이해** work out에는 '운동하다'의 뜻도 있습니다. I work out three days a week.는 '전 일주일에 3일은 운동을 해요.'라는 뜻이 되지요. 이런 경우에는 work ~ out으로 쓰지 않는다는 점에 주의해야 해요.

A 영어는 우리말로, 우리말은 영어로 써 봅시다.

1 believe in

2 fall down

3 not (~) all

4 시대에 뒤떨어진, 구식의

5 ~보다 많은, ~ 이상

6 ~을 자세히 살피다, 점검하다

B 보기에서 알맞은 말을 찾아 문장이나 대화를 완성해 봅시다. (필요하면 어형 등을 바꾸세요.)

보기	for free	the other day	to be honest	depend on

1 _____, I love you very much.

솔직히 말하면, 나는 너를 무척 사랑해.

2 She teaches English _____ to children.

그녀는 아이들에게 무료로 영어를 가르친다.

3 Your heath _____ the food that you eat.

당신의 건강은 당신이 먹는 음식에 달려 있어요.

4 A: Do you know about African penguins? 아프리카 펭귄에 대해 아시나요?

B: A little. I saw them on TV _____.

조금요. 일전에 TV에서 그것들을 봤어요.

C 우리말 뜻에 맞도록 빈칸에 알맞은 말을 써 봅시다.

1 Don't shout _____ him.

그에게 소리치지 마세요.

2 I'm _____ control of this system.

내가 이 시스템을 관리하고 있다.

3 We can work this _____ together.

우리는 함께 이것을 해결할 수 있어.

4 He brought all _____ his board games to the party.

그는 그가 가진 보드게임을 전부 다 파티에 가지고 왔다.

정답 A 1 ~을 믿다 2 넘어지다 3 전부 ~은 아닌 4 out of date 5 more than 6 check over　B 1 To be honest 2 for free 3 depends on 4 the other day　C 1 to 2 in 3 out 4 of　D 1 in → back 2 with → about 3 buying → to buy　E 1 This apple is as red as a rose. 2 Walking is good for your health. 3 We discussed a variety of subjects.

D 문장에서 잘못된 부분을 찾아 바르게 고쳐 봅시다.

1 I will pay in the money within a week. 일주일 내로 돈을 갚을게요.

_____ → _____

2 The new mayor brought with change in this city.
새로운 시장은 이 시에 변화를 초래했다.

_____ → _____

3 I can't afford buying a new smartphone. 나는 새 스마트폰을 살 여유가 없다.

_____ → _____

E 우리말 뜻에 맞도록 주어진 말을 배열해 봅시다.

1 이 사과는 장미만큼 빨갛다.

→ _____

(This apple, as, a rose, red, is, as)

2 걷는 것이 네 건강에 좋단다.

→ _____

(is, your, for, health, good, Walking)

3 우리는 다양한 주제들에 대해 토론했다.

→ _____

(discussed, of, subjects, a, variety, We)

서술형이 쉬워지는 숙어를 이용하여 두 사람을 비교해 봅시다. 그림을 보고, 주어진 단어를 이용하여 두 사람의 공통점을 쓰세요. [유형 25. 비교하기]

1 Kelly is _____ tall _____ Sujin.

2 Kelly is _____ Sujin. (old)

3 Sujin's hair is _____. (long)

Kelly, 15세   Sujin, 15세

정답 1 as, as 2 as old as 3 as long as Kelly's (hair)
해석 1 Kelly는 수진이만큼 키가 크다. 2 Kelly는 수진이만큼 나이가 들었다.
3 수진이의 머리카락은 Kelly의 것(머리카락)만큼 길다.

Day 26

520/1000

01 a crowd of
유사 a lot of, a number of 많은 ~

많은 ~, 다수의

A crowd of people rushed to the street.
많은 사람들이 거리로 몰려갔다.

02 at that time

그때

Most people were sleeping at that time.
그때 대부분의 사람들은 자고 있었다.

03 be built for

~을 위해 지어지다

It was built for an Indian king.
그것은 인도의 어느 왕을 위해 지어졌다.

04 break out

(전쟁, 화재, 질병 등이) 일어나다, 발발하다

World War II broke out in 1939.
제2차 세계 대전은 1939년에 발발했다.

05 carry A to B

A를 B로 나르다

You should carry an extra bag to the plane.
여분의 가방을 비행기로 가져가는 게 좋을 거예요.

06 come down

내리다; 전해 내려오다

Last week, a lot of snow came down.
지난주에, 많은 눈이 내렸다.

07 depart for
유사 leave for ~을 향해 떠나다
반대 depart from ~에서 출발하다

~를 향해 떠나다

Our team will depart for Paris on Sunday.
우리 팀은 일요일에 파리로 떠날 거예요.

08 feel like -ing

~하고 싶다

What do you feel like having for lunch?
점심으로 뭐 먹고 싶어?

> 이해 '~하는 것을 좋아하다'의 의미로 사용되는 동사 like는 뒤에 to부정사와 동명사 모두가 올 수 있지만, feel like에서 like는 전치사로, 뒤에 동명사만 올 수 있으므로 주의해야 합니다.

09 go up
반대 go down (가격이) 떨어지다

오르다, 상승하다

Every day gas prices are going up.
매일 휘발유 가격이 오르고 있습니다.

10 go wrong

실수하다, 잘못하다

You can't go wrong with his tips.
너는 그의 조언을 따르면 실수할 리가 없다.

11	**happen to**	~에게 일어나다, 발생하다 What **happened to** your grandmother? 너희 할머니께 무슨 일이 일어났니?
12	**hate to+동사원형** 유사 hate -ing ~하기를 싫어하다	~하기를 싫어하다 He **hates to** dance. 그는 춤추는 것을 싫어한다.
13	**in a second**	곧, 순식간에 I'll be there **in a second**. 저는 곧 도착할 겁니다.
14	**in half**	절반으로, 둘로 She cut the apple **in half** with a knife. 그녀는 칼로 사과를 절반으로 잘랐다.
15	**make up** 유사 make up a story 이야기를 만들다, 꾸며 내다	~을 이루다; 이야기를 만들어 내다 Boys **make up** about 50% of the students in my class. 남자아이들은 우리 반의 약 50%의 학생 수를 이룬다.
16	**look up to** 반대 look down on ~를 얕보다	~를 존경하다 A lot of students **look up to** Ms. Elliot. 많은 학생들이 Elliot 선생님을 존경한다.
17	**one after another** 유사 one by one 하나씩	하나씩 차례로, 잇따라서 **One after another** the winners received their prizes. 우승자들은 한 명씩 차례로 상을 받았다.
18	**show up** 유사 appear, turn up 나타나다 비교 show off ~을 과시하다	나타나다 How many people will **show up**? 몇 명이나 나타날까?

 서술형이 쉬워지는 숙어

19	**Thank you for ~**	~에 대해 감사하다 **Thank you for** inviting me. 저를 초대해 주셔서 감사합니다.
20	**use up**	~을 다 써 버리다 Don't **use up** all the paper. Leave me some. 종이를 다 쓰지 마. 내 것 좀 남겨 둬.

107

Daily Test

26th

A 영어는 우리말로, 우리말은 영어로 써 봅시다.

1 in a second
2 a crowd of
3 be built for

4 ~을 다 써 버리다
5 ~하기를 싫어하다
6 나타나다

B 보기에서 알맞은 말을 찾아 문장을 완성해 봅시다. (필요하면 어형 등을 바꾸세요.)

> 보기   depart for   feel like   thank you for   break out

1 _____ saving my life.
   제 목숨을 구해 주셔서 고마워요.

2 I hope the war never _____.
   나는 전쟁이 절대로 일어나지 않기를 바란다.

3 The bus will _____ Miami Beach at seven.
   버스가 7시에 마이애미 해변을 향해 출발할 거예요.

4 I don't _____ watching a movie right now.
   난 지금 당장은 영화를 보고 싶지 않아.

C 우리말 뜻에 맞도록 빈칸에 알맞은 말을 써 봅시다.

1 I never made it _____. It's all true!
   그거 제가 지어낸 거 아니에요. 모두 사실이라고요!

2 Did something happened _____ you? You look worried.
   너에게 무슨 일 있었니? 걱정스러워 보이는데.

3 Can you help me carry these books _____ my desk?
   이 책들을 내 책상으로 옮기는 걸 도와주겠니?

4 The runners arrived at the finish line one after _____.
   달리기 선수들이 차례대로 결승선에 도착했다.

5 I don't want to go _____. 저는 실수하고 싶지 않아요.

정답 A 1 곧, 순식간에 2 많은 ~, 다수의 3 ~을 위해 지어지다 4 use up 5 hate to+동사원형 6 show up   **B** 1 Thank you for 2 breaks out 3 depart for 4 feel like   **C** 1 up 2 to 3 to 4 another 5 wrong   **D** 1 up → down 2 around → up 3 to → in   **E** 1 They look up to their parents. 2 She was very busy at that time.

108

D 문장에서 잘못된 부분을 찾아 바르게 고쳐 봅시다.

1 The story has come up to us from the past.
그 이야기는 옛날부터 우리에게 전해 내려오고 있다.

_____ → _____

2 The temperature went around to 32 degrees today.
오늘은 기온이 32도까지 올라갔다.

_____ → _____

3 Fold the paper to half again. 그 종이를 다시 반으로 접으세요.

_____ → _____

E 우리말을 영어로 바꾸어 봅시다.

1 그들은 그들의 부모님을 존경한다.

→ _____

2 그녀는 그때 매우 바빴다.

→ _____

서술형이 쉬워지는 **숙어**를 이용하여 주변 사람들에게 고마움을 표현해 봅시다.
아래 감사 편지를 완성하세요. [유형 26. 고마움 표현하기]

1

Dear my best friend,
_____ for your friendship.

2

Dear Mom and Dad,
_____ loving me and supporting me.

3

Dear Firefighters,
_____ keeping us safe from danger.

정답 1 Thank you 2 Thank you for 3 Thank you for
해석 1 나의 가장 친한 친구에게. 네 우정에 대해 고마워. 2 엄마 아빠께, 저를 사랑해 주시고 지지해 주셔서 감사해요.
3 소방관님들께, 위험으로부터 저희를 안전하게 지켜 주셔서 감사해요.

01 **around the corner**

(거리 · 시간적으로) 가까운; 모퉁이를 돈 곳에
It is easy to find. It's just **around the corner**.
그것은 찾기 쉬워요. 모퉁이를 돌면 바로 있어요.

02 **be fond of**

~을 좋아하다
She **is fond of** children.
그녀는 아이들을 좋아해.

03 **be sold out**

다 팔리다, 매진되다
The musical **is sold out**.
그 뮤지컬 공연은 매진되었어요.

04 **contribute to**

~에 기여하다
I am trying to **contribute to** the community.
저는 지역 사회에 기여하고자 노력하고 있습니다.

05 **graduate from**

~을 졸업하다
Haeun **graduated from** middle school last year.
해은이는 작년에 중학교를 졸업했다.

06 **have a dream**

꿈을 가지다, 꿈을 꾸다
I **have a dream** to travel all over the world.
나는 전 세계를 여행하는 꿈을 갖고 있다.

07 **have a headache**
[비교] have a stomachache
배가 아프다

두통이 있다
I **have** a terrible **headache**.
저 두통이 심해요.

08 **in return (for)**

(~의) 보답으로, (~의) 답례로
Can I buy you dinner **in return for** your help?
네 도움에 대한 보답으로 내가 저녁 살까?

09 **in the same way**

같은 방식으로
They act **in the same way**.
그들은 같은 방식으로 행동한다.

10 **keep one's word**
[유사] keep one's promise
약속을 지키다

약속을 지키다
I'll **keep my word** this time, Dad.
이번에는 약속을 지킬게요, 아빠.

11 look + 형용사

비교 look like + 명사 ~처럼 보이다
look at ~을 보다

~하게 보이다

My grandfather **looks** very sad.
우리 할아버지께서 아주 슬퍼 보이세요.

아하 look은 '보다'라는 뜻도 있지만, 여기서처럼 look 다음에 형용사가 오면 '~하게 보이다'란 뜻이 됩니다. 그래서 You look so happy.는 '너 정말 행복해 보여.'란 뜻으로 이해할 수 있어요.

12 many times

여러 번

Although he had failed **many times**, he didn't give up.
비록 여러 번 실패했지만, 그는 포기하지 않았다.

 ## 서술형이 쉬워지는 숙어

13 prefer to + 동사원형

비교 prefer A to B
B보다 A를 더 좋아하다

~하는 것을 더 좋아하다

I **prefer to** listen to classical music.
저는 클래식 음악 듣는 것을 더 좋아해요.

14 pull up

멈추다[서다]

The taxi **pulled up** in front of me.
택시가 내 앞에 멈춰 섰다.

15 result from

비교 result in 결과를 낳다

~의 결과이다, ~에서 비롯되다

The problem **resulted from** a small error.
그 문제는 작은 오류 때문에 발생했다.

16 such as

~과 같은

I like to watch hero movies **such as** *Avengers*.
나는 Avengers와 같은 영웅 영화를 보는 것을 좋아한다.

17 take place

유사 be held (행사 등이) 열리다

(일, 사건 등이) 일어나다; (행사 등이) 열리다

Where did the conversation **take place**?
그 대화는 어디에서 일어났나요?

18 turn down

반대 turn up (소리를) 올리다[높이다]

(소리를) 줄이다[낮추다]; 거절하다

Please **turn down** the radio so that I can get some
sleep. 잠 좀 잘 수 있게 라디오 소리 좀 줄여 주세요.

19 up to

~에 달려 있는; ~까지

It's **up to** her to make the final decision.
최종 결정을 하는 것은 그녀에게 달려 있다.

20 wrap up

~을 포장하다; (협의, 회의 등을) 마무리 짓다

She **wrapped up** the present. 그녀는 선물을 포장했다.

A 영어는 우리말로, 우리말은 영어로 써 봅시다.

1 have a dream

2 prefer to+동사원형

3 result from

4 멈추다[서다]

5 두통이 있다

6 (일, 사건 등이) 일어나다; (행사 등이) 열리다

B 보기에서 알맞은 말을 찾아 문장을 완성해 봅시다.

> 보기   contribute to   in the same way   many times   such as

1 Fry the potatoes _____.
같은 방식으로 감자를 튀기세요.

2 Eat a healthy breakfast _____ milk, fruit and rice.
우유, 과일, 밥과 같이 건강에 좋은 아침 식사를 하세요.

3 Sumi has come to this place _____ before.
수미는 전에 이곳에 여러 번 왔었다.

4 How do you think you can _____ our project?
우리의 프로젝트에 당신이 어떻게 기여할 수 있다고 생각하세요?

C 우리말 뜻에 맞도록 빈칸에 알맞은 말을 써 봅시다.

1 Christmas is just _____ the corner.
크리스마스가 코앞이에요.

2 It's totally _____ to you.
그건 순전히 네게 달렸어.

3 You're graduating _____ high school soon.
너는 곧 고등학교를 졸업하겠구나.

4 She promised to call me, but she didn't _____ her word.
그녀는 내게 전화하겠다고 약속했지만, 약속을 지키지 않았다.

정답 **A** 1 꿈을 가지다, 꿈을 꾸다 2 ~하는 것을 더 좋아하다 3 ~의 결과이다, ~에서 비롯되다 4 pull up 5 have a headache 6 take place **B** 1 in the same way 2 such as 3 many times 4 contribute to **C** 1 around 2 up 3 from 4 keep **D** 1 in → down 2 on → up 3 for → of **E** 1 내가 좋아하는 작가의 책이 매진되었다. 2 오늘 아침에 그녀는 졸려 보인다. 3 나는 그의 친절에 대한 보답으로 그에게 선물을 주었다.

D 문장에서 <u>잘못된</u> 부분을 찾아 바르게 고쳐 봅시다.

1 He turned in the volume for the baby. 그는 아기를 위해 볼륨을 줄였다.

_____ → _____

2 Let's wrap on this meeting. 이 회의를 마무리합시다.

_____ → _____

3 I'm very fond for this museum. 나는 이 박물관을 무척 좋아해.

_____ → _____

E 문장의 뜻을 우리말로 바꾸어 봅시다.

1 My favorite writer's book is sold out.

→ _____

2 She looks sleepy this morning.

→ _____

3 I gave him a gift in return for his kindness.

→ _____

서술형이 쉬워지는 **숙어**를 이용하여 자신이 선호하는 것을 나타내 봅시다. 주어진 문장을 읽고 무엇을 더 좋아하는지 쓰세요. [유형 27. 선호하는 것 표현하기]

1 I like pears, but apples are my favorite.

→ I prefer _____ eat apples.

2 I enjoy singing, but I like dancing much more.

→ I _____ dance.

3 Sending emails is OK, but writing letters is really fun.

→ I _____ .

정답 **1** to **2** prefer to **3** prefer to write letters
해석 **1** 나는 배를 좋아하지만, 가장 좋아하는 것은 사과이다. → 나는 사과 먹는 것을 선호한다. **2** 나는 노래 부르는 것을 즐기지만, 춤추는 것을 훨씬 더 좋아한다. → 나는 춤추는 것을 선호한다. **3** 이메일을 보내는 것은 괜찮지만, 편지를 쓰는 것은 정말 재미있다. → 나는 편지 쓰는 것을 선호한다.

Day 28

560/1000

01 a number of

비교 the number of ~의 수

(수가) 많은 ~

A number of people visited the historic site.

많은 사람들이 그 사적지를 방문했다.

> **이해** 「a number of+복수명사」는 '많은 ~'라는 뜻이어서 복수 취급합니다. 반면에 「the number of+복수명사」는 '~의 수'라는 뜻으로 the number가 핵심이므로 단수 취급하는 것에 주의하세요.

02 account for

~에 대해 설명하다

How can we **account for** the error?

우리가 어떻게 그 실수를 설명할 수 있을까?

 서술형이 쉬워지는 숙어

03 agree with

반대 disagree with
~에(게) 동의하지 않다

~에 동의하다

I **agree with** you. 네 의견에 동의해.

04 by mistake

실수로

I broke the vase **by mistake**.

내가 실수로 그 화병을 깨뜨렸어요.

05 cannot help -ing

유사 cannot but+동사원형
~하지 않을 수 없다

~하지 않을 수 없다

I **cannot help** laughing when I talk to Henry.

난 Henry와 이야기할 때 웃지 않을 수가 없어.

06 discuss A with B

A에 대해 B와 상의하다

Why don't you **discuss** it **with** Anna?

그 문제를 Anna와 상의해 보는 게 어때?

07 drop by[in]

유사 stop by (~에) 잠깐 들르다

(~에) 잠깐 들르다

Can you **drop by** my office tomorrow?

내일 제 사무실에 잠시 들러 주실 수 있나요?

08 from time to time

유사 now and then 때때로, 이따금

때때로

He writes to his parents **from time to time**.

그는 때때로 부모님께 편지를 쓴다.

09 go abroad

해외로 가다

I'm planning to **go abroad** to study.

난 공부하러 외국에 갈 계획이야.

10	**have ~ in common**	~을 공통으로 갖고 있다 Ben and I **have** a lot **in common**. Ben과 나는 많은 공통점이 있다.
11	**hear of[about]** 비교 hear from ~로부터 연락을 받다	~에 대해서 듣다 Sorry, but I've never **heard of** the city. 죄송하지만 저는 그 도시에 대해 들은 적이 없어요.
12	**millions of** 비교 hundreds of 수백의 ~	수백만의 ~ **Millions of** people saw that film. 수백만 명의 사람들이 그 영화를 보았다.
13	**miss the bus**	버스를 놓치다 Leave early, then you won't **miss the bus**. 일찍 떠나면, 버스를 놓치지 않을 거야.
14	**move to**	~로 이사하다 She is going to **move to** Suwon. 그녀는 수원으로 이사할 것이다.
15	**on earth**	지상에, 이 세상에서 The whale is the largest animal **on earth**. 고래는 세상에서 가장 큰 동물이다.
16	**prepare for**	~을 준비하다, ~을 준비시키다 We should **prepare for** the meeting. 우리는 회의를 준비해야 해요.
17	**react to**	~에 반응하다 How did your parents **react to** the news? 너희 부모님께서는 그 소식에 어떻게 반응하셨니?
18	**run out of** 유사 run short of ~이 바닥나다 비교 use up ~을 다 써 버리다	(물건, 돈 따위가) 다 떨어지다, 바닥나다 I think we **ran out of** milk. 우리 우유가 다 떨어진 것 같아.
19	**shake one's head**	고개를 가로젓다 He **shook his head** and said "No." 그는 고개를 저으며 "아니요."라고 말했다.
20	**take after**	(특히 부모님을) ~를 닮다 John **takes after** his mother. John은 그의 어머니를 닮았다.

A 영어는 우리말로, 우리말은 영어로 써 봅시다.

1 account for

2 move to

3 react to

4 고개를 가로젓다

5 버스를 놓치다

6 ~를 닮다

B 보기에서 알맞은 말을 찾아 문장을 완성해 봅시다.

| 보기 | cannot help | run out of | agree with | a number of |

1 We've _____ coffee.
우리 커피가 다 떨어졌어요.

2 I _____ worrying about his safety.
나는 그의 안전을 걱정하지 않을 수 없다.

3 You will find _____ squirrels in this mountain.
당신은 이 산에서 많은 다람쥐들을 볼 수 있을 거예요.

4 The other boys don't _____ Brian.
다른 소년들은 Brian에게 동의하지 않는다.

C 우리말 뜻에 맞도록 빈칸에 알맞은 말을 써 봅시다.

1 He has paid this bill twice _____ mistake.
그는 실수로 이 계산서를 두 번 지불했다.

2 There are many kinds of plants _____ earth.
세상에는 많은 종류의 식물이 있다.

3 Let's start preparing _____ the party.
파티를 준비하기 시작하자.

4 A: Do you see your grandmother often? 너는 할머니를 자주 뵙니?

B: No. She lives in another city, so I only see her _____ time
_____ time. 아니. 할머니께서 다른 도시에 사셔서 가끔씩만 뵙고 있어.

D 문장에서 잘못된 부분을 찾아 바르게 고쳐 봅시다.

1 I must discuss the matter to my parents.
나는 부모님과 그 문제에 대해 상의해야겠어.

_____ → _____

2 Millions people in Africa don't have enough food.
아프리카에 있는 수백만 명의 사람들은 충분한 음식이 없다.

_____ → _____

3 When she took abroad to study, she missed her family a lot.
그녀는 외국에 유학 갔을 때, 가족들이 많이 보고 싶었다.

_____ → _____

E 우리말을 영어로 바꾸어 봅시다. (주어진 말을 이용하세요.)

1 너는 축제에 대해 들었니? (the festival)
→ _____

2 그녀는 나의 집에 잠시 들렀다. (my house)
→ _____

3 우리는 공통점이 전혀 없어요. (nothing)
→ _____

서술형이 쉬워지는 숙어를 이용하여 같은 의견, 다른 의견을 가진 사람에 대해 써 봅시다. 아래 표를 보고 문장을 완성하세요. [유형 28. 동의 · 반대하기]

	Ken	Nari	Dongho
Watching TV is good.	○	×	○
School uniform is necessary.	○	○	×

1 Ken thinks watching TV is good. Dongho agrees _____ Ken.

2 Nari thinks school uniform is necessary. Ken _____ Nari.

3 Dongho doesn't think school uniform is necessary.
Ken and Nari _____ Dongho.

정답 **1** with **2** agrees with **3** don't agree with[disagree with]
해석 **1** Ken은 TV 보는 것이 좋다고 생각한다. 동호는 Ken에게 동의한다. **2** 나리는 교복이 필요하다고 생각한다.
Ken은 나리에게 동의한다. **3** 동호는 교복이 필요하다고 생각하지 않는다. Ken과 나리는 동호에게 동의하지 않는다.

01 **as a result**
비교 as a result of ~의 결과로

그 결과
She worked very hard. **As a result**, she won first prize.
그녀는 아주 열심히 공부했다. 그 결과, 그녀는 1등상을 받았다.

02 **be important for**

~에 중요하다
Having a lot of experience **is important for** your future.
많은 경험을 하는 것은 너의 미래에 중요하다.

03 **be special to**

~에게 특별하다
This souvenir **is** so **special to** me.
이 기념품은 저에게 무척 특별해요.

04 **begin to + 동사원형**
유사 begin -ing ~하기 시작하다

~하기 시작하다
How was it when you first **began to** drive?
처음 운전하기 시작했을 때 어땠어요?

05 **call for**

~을 요구하다; ~을 필요로 하다
You can **call for** dessert after meal.
너는 식사 후에 디저트를 요청할 수 있어.

06 **depart from**
비교 depart for ~를 향해 떠나다

~에서 출발하다[떠나다]
The train will **depart from** Seoul at 11.
그 기차는 11시에 서울에서 출발합니다.

07 **get + 형용사의 비교급**

더 ~해지다
She **gets** healthier as she grows up.
그녀는 자랄수록 더 건강해진다.

> 이하 형용사의 비교급은 보통 형용사에 -er을 붙여 만들지만, 단어가 3음절 이상으로 길어지면 「more+형용사」로 나타냅니다. 그래서 important 의 비교급은 importanter가 아니라 more important예요.

08 **have an interest in**

~에 흥미가[관심이] 있다
Minsu **has an interest in** astronomy.
민수는 천문학에 관심이 있다.

 ## 서술형이 쉬워지는 숙어

09 **Have you ever**
+ 과거분사 ~?

~해 본 적이 있니?
Have you ever been to Europe?
너는 유럽에 가 본 적이 있니?

10	**in favor of**	~에 찬성[지지]하여
		I am **in favor of** his opinion.
		나는 그의 의견을 지지한다.

11	**long for**	간절히 바라다, 열망하다
	유사 wish, desire 바라다	People **long for** peace on earth.
		사람들은 지구상의 평화를 간절히 바란다.

12	**make a (phone) call**	전화하다
	유사 give ~ a call ~에게 전화하다	Will you excuse me? I have to **make a phone call**.
		실례 좀 해도 될까요? 제가 전화를 걸어야 하거든요.

13	**more importantly**	무엇보다 중요한 것은, 더욱 중요한 것은
		More importantly, you should learn how to think creatively.
		더욱 중요한 것은, 네가 창의적으로 생각하는 방법을 배워야 한다는 거야.

14	**on the air**	방송 중인
		The show will be **on the air** in September.
		그 프로그램은 9월에 방송될 것이다.

15	**part with**	~와 헤어지다
		Now we don't have to **part with** our pets.
		우리는 이제 우리의 애완동물들과 헤어질 필요가 없어요.

16	**put out**	(불을) 끄다
		The firefighters **put out** the fire.
		소방관들이 불을 껐다.

17	**surf the Internet**	인터넷 검색을 하다
		I often **surf the Internet** to get information.
		나는 정보를 얻기 위해서 종종 인터넷 검색을 한다.

| 18 | **take a look at** | ~을 보다 |
| | 유사 look at ~을 보다 | **Take a look at** this old picture. 이 오래된 사진 좀 봐. |

19	**tell a lie**	거짓말하다
		He **told a lie** to hide the truth.
		그는 진실을 감추기 위해 거짓말을 했다.

| 20 | **work as** | ~으로 일하다 |
| | 비교 work at ~에서 일하다 | She **works as** a bus driver. 그녀는 버스 운전기사로 일한다. |

A 영어는 우리말로, 우리말은 영어로 써 봅시다.

1 as a result

2 have an interest in

3 be special to

4 ~에 중요하다

5 간절히 바라다, 열망하다

6 전화하다

B 보기에서 알맞은 말을 찾아 문장을 완성해 봅시다. (필요하면 어형 등을 바꾸세요.)

> 보기   begin to   on the air   call for   surf the Internet

1 The show first went _____ in 2010.
그 프로그램은 2010년에 처음 방송되었다.

2 My brother has been _____ for two hours.
내 남동생은 두 시간 동안 인터넷 검색을 하고 있다.

3 Kitchen forks _____ be used by the ancient Greeks.
주방용 포크는 고대 그리스인들에 의해 사용되기 시작했다.

4 We _____ an investigation.
우리는 조사를 요구했다.

C 우리말 뜻에 맞도록 빈칸에 알맞은 말을 써 봅시다.

1 They put _____ the fire in the kitchen.
그들은 부엌에 난 불을 껐다.

2 But _____ importantly, we should trust him.
하지만 더 중요한 것은 우리가 그를 믿어야 한다는 거예요.

3 The flight departs _____ Seoul for Seattle at 4 p.m.
서울발 시애틀행 항공편은 오후 4시에 출발합니다.

4 She hates to _____ with her favorite doll.
그녀는 제일 좋아하는 인형과 떨어지는 걸 정말 싫어한다.

정답 **A** 1 그 결과 2 ~에 흥미가[관심이] 있다 3 ~에게 특별하다 4 be important for 5 long for 6 make a (phone) call   **B** 1 on the air 2 surfing the Internet 3 began to 4 called for   **C** 1 out 2 more 3 from 4 part   **D** 1 tall → taller 2 say → tell 3 at → as   **E** 1 We voted in favor of her proposal. 2 Have you ever seen a kangaroo? 3 I want to take a look at the book.

D 문장에서 **잘못된** 부분을 찾아 바르게 고쳐 봅시다.

1 The tree gets tall every day. 나무는 매일 키가 더 커진다.

_____ → _____

2 Why did you say a lie? 너는 왜 거짓말을 했니?

_____ → _____

3 He worked at an English teacher for 10 years.
그는 10년 동안 영어 교사로 일했다.

_____ → _____

E 우리말 뜻에 맞도록 주어진 말을 배열해 봅시다.

1 우리는 그녀의 제안에 찬성하는 투표를 했다.

→ _____

(We, favor, of, her proposal, voted, in)

2 넌 캥거루를 본 적이 있니?

→ _____

(you, a kangaroo, seen, Have, ever)

3 저는 그 책을 보고 싶은데요.

→ _____

(want to, I, a look, take, the book, at)

서술형이 쉬워지는 숙어를 사용하여 인터넷 사용에 대한 설문지를 완성해 봅시다. 필요하면 주어진 단어를 이용하세요. [유형 29. 경험 묻기]

	Yes No
1 _____ ever used SNS to communicate with others?	☐ ☐
2 _____ made online friends?	☐ ☐
3 _____ you couldn't live without the Internet? (feel)	☐ ☐

정답 1 Have you 2 Have you ever 3 Have you ever felt
해석 1 다른 사람들과 소통하기 위해 SNS를 사용해 본 적이 있나요? 2 온라인상으로 친구를 사귀어 본 적이 있나요? 3 인터넷 없이는 살 수 없다고 느껴 본 적이 있나요?

01 apply for

비교 apply to ~에 적용되다;
(기관 등에) 지원하다

~을 신청하다, ~에 지원하다
I'd like to **apply for** a library card.
도서관 카드를 신청하고 싶습니다.

02 at the same time

동시에
Can you study and listen to music **at the same time**?
넌 공부하면서 동시에 음악도 들을 수 있니?

03 be in good shape

(건강, 몸의) 상태가 좋다
You should exercise in order to **be in good shape**.
좋은 몸매를 유지하려면 운동을 해야 합니다.

04 be named after

~의 이름을 따다
Jim **was named after** his grandfather.
Jim은 그의 할아버지의 이름에서 따온 것이다.

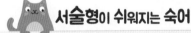

서술형이 쉬워지는 숙어

05 be worried about

유사 be anxious about
~을 걱정하다

~에 대해 걱정하다
He **is worried about** finishing his homework in time.
그는 숙제를 제 시간에 끝낼 수 있을지에 대해 걱정하고 있다.

06 cheer up

기운을 내다
Cheer up. You'll do better next time.
기운 내. 다음 번에는 더 잘할 거야.

07 die of

(주로 병, 노령 등으로) 죽다
Many people still **die of** hunger every day.
아직도 많은 사람들이 매일 굶어 죽는다.

08 do well

잘하다
I didn't **do well** on the exam. 시험을 잘 못 봤어.

09 enjoy oneself

유사 have fun 즐겁게 보내다

즐겁게 보내다
I **enjoyed myself** at the party. 파티에서 즐거웠어.

10 focus on

유사 concentrate on ~에 집중하다

~에 초점을 맞추다, ~에 집중하다
I think it's more important to **focus on** the future.
난 미래에 초점을 두는 것이 더 중요하다고 생각해.

11	**from a distance**	멀리서

My friends and I watched the fight **from a distance**.
나와 내 친구들은 멀리서 싸움을 지켜보았다.

12	**get over**	(질병 · 충격 등을) 회복하다, 극복하다

I'm sure you'll **get over** it eventually.
나는 네가 결국 그것을 극복해 낼 것이라고 확신해.

13	**in spite of**	~에도 불구하고

유사 despite ~에도 불구하고

In spite of his injury, James will play in Saturday's game.
부상에도 불구하고, James는 토요일 경기에 나갈 것이다.

14	**lose weight**	몸무게를 줄이다, 살을 빼다

반대 gain weight 살이 찌다

I want to **lose** some **weight**. 난 살을 좀 빼고 싶어.

15	**not ~ anymore**	더 이상 ~ 않다

I **cannot** live in this noisy neighborhood **anymore**.
나는 이 시끄러운 동네에서 더 이상 못 살겠어.

16	**put up with**	(불평 없이) 참다, 받아들이다

유사 bear with ~을 참다

I can't **put up with** the rude people anymore.
나는 무례한 사람들을 더 이상 참을 수가 없다.

17	**retire from**	~에서 은퇴하다, ~에서 퇴직하다

Why did Mr. Smith **retire from** his job at the hospital?
Smith 박사님은 왜 병원에서 은퇴하셨나요?

18	**think back**	(~을) 돌이켜 생각하다, 회상하다

Try to **think back** to your childhood.
네 어린 시절을 돌이켜 봐.

19	**turn to**	~에 의지하다

유사 rely on[upon] ~에 의지하다

I have no one but you to **turn to**.
내가 의지할 사람은 너밖에 없어.

20	**want A to + 동사원형**	A가 ~하기를 원하다

My father **wants** me to become an engineer.
우리 아버지는 내가 엔지니어가 되기를 원하신다.

> **이해** 목적어 A없이 「want to + 동사원형」으로 쓰면 주어가 '~하기를 원한다'는 뜻이에요. I want to be a singer.는 '나는 가수가 되고 싶어.'라는 뜻이지만, I want him to be a singer.는 '나는 그가 가수가 되면 좋겠어.'라는 뜻입니다.

A 영어는 우리말로, 우리말은 영어로 써 봅시다.

1 enjoy oneself

2 be named after

3 think back

4 ~에 초점을 맞추다, ~에 집중하다

5 (불평 없이) 참다, 받아들이다

6 ~에 의지하다

B 보기에서 알맞은 말을 찾아 문장이나 대화를 완성해 봅시다. (필요하면 어형 등을 바꾸세요.)

> 보기   die of   be in good shape   do well   cheer up

1 My grandfather _____ for his age.
우리 할아버지께서는 연세에 비해 건강하시다.

2 In the movie, the man _____ cold.
그 영화에서, 그 남자는 추위로 죽는다.

3 _____ and think positively.
기운을 내고 긍정적으로 생각해.

4 A: I hope you will _____ on this test. 네가 이 시험을 잘 보길 바라.
   B: Thanks, I'll do my best. 고마워. 최선을 다할게.

C 우리말 뜻에 맞도록 빈칸에 알맞은 말을 써 봅시다.

1 What should I do to get _____ this situation?
이 상황을 극복하기 위해 제가 무엇을 해야 할까요?

2 They are playing soccer in spite _____ the rain.
비가 오는데도 불구하고 그들은 축구를 하고 있다.

3 She is a good speaker, and _____ the same time, she is a good listener. 그녀는 달변가이자, 동시에 훌륭한 청취자이기도 하다.

4 When I see it _____ a distance, it looks like a man.
멀리서 바라보면, 그것은 마치 사람처럼 보인다.

정답 **A** 1 즐겁게 보내다 2 ~의 이름을 따다 3 (~을) 돌이켜 생각하다, 회상하다 4 focus on 5 put up with 6 turn to **B** 1 is in good shape 2 dies of 3 Cheer up 4 do well **C** 1 over 2 of 3 at 4 from **D** 1 worry → worried 2 buying → to buy 3 gain → lose **E** 1 나는 더 이상 커피를 마시지 않는다. 2 그녀는 56세의 나이로 직장에서 은퇴했다. 3 저는 자원봉사 프로그램에 지원하고 싶어요.

D 문장이나 대화에서 **잘못된** 부분을 찾아 바르게 고쳐 봅시다.

1 My parents are worry about my health. 부모님께서는 내 건강에 대해 걱정하신다.

_____ → _____

2 He wants me buying it for him. 그는 내가 그에게 그것을 사 주기를 바란다.

_____ → _____

3 A: Why is she working out so hard? 그녀는 왜 그렇게 운동을 열심히 하는 거죠?
  B: She wants to gain weight. 그녀는 살을 빼고 싶어 해요.

_____ → _____

E 문장의 뜻을 우리말로 바꾸어 봅시다.

1 I don't drink coffee any more.

→ _____

2 She retired from her job at the age of 56.

→ _____

3 I want to apply for the volunteer program.

→ _____

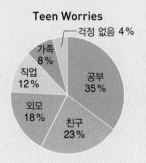

서술형이 쉬워지는 숙어를 이용하여 청소년들의 고민이 무엇인지 나타내 봅시다.
아래 그래프를 보고 문장을 완성하세요. [유형 30. 고민 말하기]

Teen Worries
- 걱정 없음 4%
- 가족 8%
- 직업 12%
- 외모 18%
- 공부 35%
- 친구 23%

1 The most number of teens are worried _____ their studies.

2 23 percent of teens _____ about their relationship with friends.

3 More than 15 percent of teens _____ _____ their appearance.

4 Only 4 percent of teens _____ _____ anything.

정답 1 about 2 are worried 3 are worried about 4 are not[aren't] worried about
해석 1 가장 많은 수의 청소년들이 공부를 걱정하고 있다. 2 23%의 청소년들은 친구들과의 관계를 걱정하고 있다.
3 15%가 넘는 청소년들이 외모에 대해 걱정하고 있다. 4 단지 4%의 청소년만이 아무런 걱정이 없다.

01	**a symbol of**	~의 상징

The white dove is **a symbol of** peace.

흰색 비둘기는 평화의 상징이다.

02	**allow A to + 동사원형**	A가 ~하는 것을 허락하다

유사 let A + 동사원형
A가 ~하는 것을 허락하다

Mom **allowed** me **to** go camping.

엄마는 내가 캠핑 가는 것을 허락하셨다.

03	**around the clock**	24시간 내내, 밤낮으로 쉬지 않고

The police office is open **around the clock**.

경찰서는 24시간 내내 열려 있다.

04	**be used as**	~으로 사용되다

비교 be used to + 동사원형
~하는 데 사용되다

This box can **be used as** a table.

이 상자는 탁자로 사용될 수 있다.

05	**break into pieces**	산산조각 내대[나다]

Break this chocolate **into** small **pieces** and mix them with melted butter.

이 초콜릿을 작은 조각으로 부수고 녹인 버터와 섞으세요.

06	**by oneself**	혼자서

유사 alone 혼자서
비교 for oneself 혼자 힘으로

She runs the business **by herself**.

그녀는 혼자서 사업을 운영한다.

07	**cry out**	큰 소리로 외치다

The woman **cried out**, "Help! Help!"

그 여자는 "도와주세요! 도와주세요!"라고 크게 소리쳤다.

08	**feel free to**	마음대로 ~하다

Please **feel free to** use whatever you need.

필요한 건 뭐든지 마음대로 사용하세요.

09	**get around**	돌아다니다

I need to use a wheelchair to **get around**.

나는 돌아다닐 때 휠체어를 사용해야 한다.

10	**give ~ an opportunity**	~에게 기회를 주다

They **gave** me **an opportunity** to work here.

그들은 내게 여기서 일할 기회를 주었다.

¹¹ **go to college**	대학에 다니다
	My brother didn't **go to college**.
	나의 오빠는 대학에 다니지 않았다.

¹² **in case of**	~의 경우에
	I will pick you up **in case of** rain.
	비가 오는 경우에는 내가 너를 데리러 갈게.

¹³ **It's too bad (that) ~**	~이라니 참 안타깝다
	It's too bad that you're leaving.
	네가 떠난다니 참 안타깝다.

| ¹⁴ **make[earn] a living** | 생계를 꾸리다 |
| | What do you do to **make a living**? 무슨 일을 하세요? |

> **이해** 여기에서 living은 명사로 '생활비, 생계 수단'을 의미합니다. do for a living은 '생계 수단으로 하다'라는 뜻이 되고, 직업을 물어볼 때 What do you do for a living?이라고 물어볼 수 있어요.

¹⁵ **point out**	~을 지적하다; ~을 가리키다
	He **pointed out** that we should go quickly.
	그는 우리가 빨리 가야 한다고 지적했다.

¹⁶ **stare at**	~을 응시하다, ~을 빤히 보다
비교 look at ~을 보다	Why are you **staring at** me like that?
glance at ~을 힐끗 보다	너는 왜 그렇게 나를 빤히 쳐다보고 있니?

¹⁷ **take ~ on a trip**	~를 여행에 데려가다
	He **takes** me **on a trip** sometimes.
	그는 때때로 나를 여행에 데려간다.

¹⁸ **take medicine**	약을 복용하다
	You should **take** some **medicine** and rest.
	너는 약을 먹고 쉬어야 해.

¹⁹ **tell apart**	구별하다
비교 tell A from B	It is difficult to **tell** those twins **apart**.
A와 B를 구별하다	그 쌍둥이들을 구별하는 것은 어렵다.

 ## 서술형이 쉬워지는 숙어

²⁰ **would like A to**	A가 ~했으면 좋겠다
+ 동사원형	**I'd like you to** meet my friend, Laura.
	네가 내 친구 Laura를 만나면 좋겠어. (내 친구 Laura를 소개할게.)

A 영어는 우리말로, 우리말은 영어로 써 봅시다.

1 point out

2 go to college

3 tell apart

4 큰 소리로 외치다

5 약을 복용하다

6 ~에게 기회를 주다

B 보기에서 알맞은 말을 찾아 문장을 완성해 봅시다. (필요하면 어형 등을 바꾸세요.)

보기	allow A to	too bad	get around	by oneself

1 The boy built the sandcastle _____.
그 남자애는 혼자서 모래성을 쌓았다.

2 Will you be able to _____ on your own?
너는 혼자서 돌아다닐 수 있겠니?

3 It's _____ that you can't stay here longer.
당신이 여기에 더 오래 머물지 못한다니 참 안타깝네요.

4 Mina's dad didn't _____ go to the concert.
미나의 아빠는 그녀가 콘서트에 가는 것을 허락하지 않으셨다.

C 우리말 뜻에 맞도록 빈칸에 알맞은 말을 써 봅시다.

1 I'd like you _____ do it for me.
네가 나를 위해 그것을 해 줬으면 좋겠어.

2 They took their nephew _____ a trip to China.
그들은 그들의 조카를 중국 여행에 데려갔다.

3 He tried to _____ a candy bar _____ three pieces.
그는 사탕을 세 조각으로 깨뜨리려고 애썼다.

4 Many convenience stores are open _____ the clock.
많은 편의점들이 24시간 내내 영업을 한다.

정답 **A** 1 ~을 지적하다; ~을 가리키다 2 대학에 다니다 3 구별하다 4 cry out 5 take medicine 6 give ~ an opportunity **B** 1 by himself 2 get around 3 too bad 4 allow her to **C** 1 to 2 on 3 break, into 4 around **D** 1 live → a living 2 as → of 3 use → used **E** 1 Someone is staring at me. 2 Call 119 in case of fire. 3 Feel free to look around.

128

D 문장에서 잘못된 부분을 찾아 바르게 고쳐 봅시다.

1 Most of them make live by fishing. 그들 대부분은 어업으로 생계를 꾸려 가고 있다.

_____ → _____

2 People say that the clover is a symbol as good luck.
사람들은 클로버가 행운의 상징이라고 말한다.

_____ → _____

3 In the past, plants were sometimes use as medicine.
과거에, 식물은 때때로 약으로 사용되었다.

_____ → _____

E 우리말을 영어로 바꾸어 봅시다. (주어진 말을 이용하세요.)

1 누군가가 나를 빤히 쳐다보고 있어요. (someone)

→ _____

2 화재가 발생한 경우에는 119에 전화하세요. (fire)

→ _____

3 편하게 둘러보세요. (look around)

→ _____

서술형이 쉬워지는 숙어를 이용하여 요청하는 말을 해 봅시다. 그림을 보고, 문장을 완성하세요. [유형 31. 요청하기]

1 I'd like you _____ turn down the volume.

2 I'd _____ get up early.

3 _____ clean your room.

정답 1 to 2 like you to 3 I'd like you to
해석 1 네가 볼륨을 줄여 주면 좋겠구나. 2 네가 일찍 일어나면 좋겠구나. 3 네가 방을 치우면 좋겠구나.

01 agree to + 동사원형 **비교** agree with ~에 동의하다	~을 하기로 동의하다, ~에 대해 합의하다 They **agreed to** look for a place to rest first. 그들은 우선 쉴 곳을 찾는 것에 동의했다.
02 amount to	(총액이) ~에 이르다 The damage **amounts to** a million won. 손해 금액이 백만 원에 이른다.
03 as[so] long as **유사** as[so] far as ~하는 한	~하는 한, ~하는 동안 I'll never forget your kindness **as long as** I live. 제가 살아 있는 한 당신의 친절을 결코 잊지 않겠습니다.
04 back up	~을 뒷받침하다[도와주다], 지지하다 My family **backed** me **up** while I was suffering. 내 가족은 내가 힘들 때 나를 지지해 주었다.
05 be crazy about	~에 열광적이다, ~에 미치다 I'm **crazy about** this band. 나는 이 밴드에 푹 빠졌다.

 ## 서술형이 쉬워지는 숙어

06 be curious about	~에 대해 궁금해하다 The child **is curious about** everything. 그 아이는 모든 것에 대해 궁금해한다.
07 be willing to + 동사원형	기꺼이 ~하다 She **is willing to** help you. 그녀는 기꺼이 당신을 도우려고 한다.
08 consist of **유사** be made up of ~으로 이루어지다	~으로 이루어지다, ~으로 구성되다 Her family **consists of** her mother, her brother and herself. 그녀의 가족은 그녀의 엄마, 오빠 그리고 그녀 자신으로 구성되어 있다.
09 due to **유사** because of, owing to ~ 때문에	~ 때문에 **Due to** the sudden snow, we couldn't leave. 갑자기 내린 눈 때문에 우린 떠날 수가 없었다.
10 give away	~을 선물로 주다, 기부하다 We **gave away** candies to the kids. 우리는 아이들에게 캔디를 선물로 줬다.

11 go off

(경보기 등이) 울리다; (불, 전기 등이) 나가다
The alarm didn't **go off** this morning.
오늘 아침 알람이 울리지 않았어요.

12 hang on
[비교] hang up 전화를 끊다

꽉 붙잡다; (~에) 매달리다; 기다리다
Hang on to that rope. 그 밧줄을 꽉 붙잡아.

13 have an accident

사고가 나다
They **had an accident** on their way back home.
그들은 집으로 돌아오는 길에 사고가 났다.

14 in exchange for

~ 대신의, 교환으로
I gave him chocolate **in exchange for** ice cream.
나는 그에게 아이스크림 대신으로 초콜릿을 주었다.

15 in person

직접, 몸소
You don't need to bring in your report **in person**.
당신이 직접 보고서를 가져올 필요는 없어요.

16 participate in
[유사] take part in, join in
~에 참가하다

~에 참가[참여]하다
I want to **participate in** the event.
저는 그 행사에 참여하고 싶어요.

17 prefer A to B
[비교] prefer to + 동사원형
~하는 것을 더 좋아하다

B보다 A를 선호하다
I **prefer** playing the piano **to** playing the guitar.
나는 기타 연주하는 것보다 피아노 연주하는 것을 선호해.

> **이하** 앞서 배운 「prefer to + 동사원형」에서의 to는 to부정사의 to입니다. 반면에 A와 B 두 가지를 직접적으로 비교하는 prefer A to B에서의 to는 전치사로, 이때 A와 B 자리에는 명사나 동명사가 옵니다.

18 so far

지금까지
I haven't had any trouble **so far**.
지금까지는 어떤 어려움도 없었어.

19 throw away
[유사] put away 치우다, 버리다

~을 버리다, 없애다
Please **throw** the bag **away**. 그 가방을 버려 주세요.

20 without (a) doubt

틀림없이, 의심의 여지없이
He is angry **without a doubt**. 그는 틀림없이 화가 났다.

Daily Test

32nd

A 영어는 우리말로, 우리말은 영어로 써 봅시다.

1 have an accident

2 throw away

3 go off

4 ~으로 이루어지다, ~으로 구성되다

5 ~ 대신의, 교환으로

6 ~에 열광적이다, ~에 미치다

B 보기에서 알맞은 말을 찾아 문장을 완성해 봅시다. (필요하면 어형 등을 바꾸세요.)

보기	due to	as long as	give away	amount to

1 _____ there is life, there is hope.
삶이 있는 한 희망은 있다.

2 The bill _____ $100. 청구액이 100달러에 이른다.

3 The picnic was canceled _____ high winds.
거센 바람 때문에 소풍이 취소되었다.

4 The man _____ everything he had before he died.
그 남자는 죽기 전에 그가 가진 모든 것을 기부했다.

C 우리말 뜻에 맞도록 빈칸에 알맞은 말을 써 봅시다.

1 A: Are you done with that book? 그 책 다 읽었니?
B: No, I've only read two chapters so _____.
아니, 지금까지 겨우 두 단원 읽었어.

2 His friends back him _____ in the argument.
그의 친구들은 논쟁에서 그를 지지했다.

3 They will agree _____ come to the meeting.
그들은 그 모임에 오는 것에 동의할 거야.

4 I am curious _____ why he didn't come today.
나는 그가 오늘 왜 오지 않았는지 궁금하다.

정답 A 1 사고가 나다 2 ~을 버리다. 없애다 3 (경보기 등이) 울리다; (불, 전기 등이) 나가다 4 consist of 5 in exchange for 6 be crazy about **B** 1 As long as 2 amounts to 3 due to 4 gave away **C** 1 far 2 up 3 to 4 about **D** 1 than → to 2 by → in 3 up → on **E** 1 너는 퍼레이드에 참가할 거니? 2 당신을 위해 기꺼이 뭐든 할게요. 3 그녀는 틀림없이 최고의 선수다.

D 문장에서 **잘못된** 부분을 찾아 바르게 고쳐 봅시다.

1 I prefer staying at home than going out with friends.
나는 친구들과 어울리는 것보다는 집에 있는 것을 더 좋아한다.

_____ → _____

2 He has never met them by person.
그는 그들을 직접 만난 적은 없다.

_____ → _____

3 Could you hang up a minute? He'll be right back.
잠깐만 기다리시겠어요? 그는 바로 돌아올 거예요.

_____ → _____

E 문장의 뜻을 우리말로 바꾸어 봅시다.

1 Are you going to participate in the parade?
→ _____

2 I'm willing to do anything for you.
→ _____

3 She is without a doubt the best player.
→ _____

서술형이 쉬워지는 숙어를 이용하여 동물에 대한 호기심을 나타내는 문장을 써 봅시다. [유형 32. 호기심 표현하기]

1 I am curious _____ why rabbits have long ears.

2 I am _____ how cheetahs can run so fast.

3 _____ why penguins have wings.

4 _____ why pandas have black rings around their eyes.

정답 1 about 2 curious about 3 I am curious about 4 I am curious about
해석 1 토끼들은 왜 귀가 긴지 궁금해요. 2 치타들은 어떻게 그렇게 빨리 달릴 수 있는지 궁금해요. 3 펭귄들은 왜 날개를 가지고 있는지 궁금해요. 4 판다들은 왜 눈 주위에 검은색 링이 있는지 궁금해요.

Day 33

---

01 at[in] the center of
유사 in the middle of
~의 중앙에

~ 한가운데에
There's Gyeongbokgung **at the center of** Seoul.
서울 한가운데에 경복궁이 있다.

---

02 back and forth

이리저리, 왔다갔다
A strange man was walking **back and forth** on the road.
수상한 사람이 도로에서 왔다갔다 걷고 있었다.

---

03 be bored with
유사 be tired of ~에 싫증나다

~에 싫증나다
He **is bored with** this game. 그는 이 게임에 싫증이 났다.

---

04 be divided into

~으로 나누어지다
The school year **is divided into** two semesters.
학년은 2학기로 나누어져 있다.

---

05 cover up

~을 완전히 덮다, 가리다
You can't **cover up** the whole thing.
전체를 다 덮을 수는 없어요.

---

06 dress up
비교 dress like ~처럼 옷을 입다

(특수 복장으로) 차려 입다; 정장을 하다
On Halloween, people like to **dress up** as ghosts or monsters.
핼러윈에 사람들은 유령이나 괴물 복장으로 차려 입는 것을 좋아한다.

---

07 express A to B

B에게 A를 표현하다
Ann has never **expressed** her opinions **to** him.
Ann은 그에게 그녀의 의견을 표현한 적이 없다.

---

08 fall asleep
비교 go to sleep 잠자리에 들다

잠들다
He **fell asleep** at his desk last night.
어젯밤에 그는 책상에서 잠들었다.

---

09 for instance
유사 for example 예를 들면

예를 들면
For instance, orangutans make umbrellas out of leaves.
예를 들면, 오랑우탄들은 나뭇잎으로 우산을 만든다.

---

10 have an appointment

약속이 있다
I **have an appointment** with my teacher.
저는 담임 선생님과 약속이 있어요.

134

| 11 | **in silence** | 조용히, 말없이 |
| | | We sat together **in silence**. 우리는 함께 조용히 앉아 있었다. |

12	**lend A to B**	B에게 A를 빌려주다
	유사 lend B A	Will you **lend** your coat **to** Jack?
	B에게 A를 빌려주다	Jack에게 네 코트를 좀 빌려줄래?

> **이하** 다른 사람에게 빌려줄 때는 lend, 반대로 다른 사람에게서 빌릴 때는 borrow를 씁니다. 즉, "돈 좀 빌려줄래?"라는 말을 Can I borrow some money? 또는 Can you lend me some money?의 두 가지 방법으로 표현할 수 있어요.

13	**line up**	줄을 서다
	유사 stand in line 줄을 서다	Everyone, please **line up** behind the table.
		여러분, 모두 탁자 뒤로 줄을 서세요.

14	**make up for**	~을 보상하다, 보충하다
	비교 make up ~을 이루다;	I had to study hard to **make up for** lost time.
	이야기를 만들어 내다	나는 허비된 시간을 보충하기 위해 열심히 공부해야 했다.

15	**on page ~**	~페이지에
		Who are the people in the picture **on page** 161?
		161쪽 사진 속에 있는 사람들은 누구지?

16	**side by side**	나란히
		They sat **side by side** on the bench.
		그들은 나란히 벤치에 앉아 있었다.

17	**stand up for**	~을 옹호하다, 지지하다
		My parents **stood up for** me.
		내 부모님은 나를 옹호해 주셨다.

18	**take back**	(자기가 한 말을) 취소하다, 철회하다
		If I could, I'd **take back** everything I said.
		만약에 할 수만 있다면, 내가 한 모든 말을 취소할 텐데.

19	**too ~ to + 동사원형**	너무 ~해서 …할 수 없다, …하기에 너무 ~하다
	유사 so ~ that + 주어 + can't ...	The problem is **too** difficult **to** solve.
	너무 ~해서 …할 수 없다	그 문제는 풀기에 너무 어렵다. (그 문제는 너무 어려워서 풀 수가 없다.)

서술형이 쉬워지는 숙어

20	**would rather + 동사원형 (than ...)**	(…보다 차라리) ~하는 편이 더 낫다
		I'd **rather** go to the movies **than** stay home.
		나는 집에 있기보다는 영화 보러 가는 편이 더 낫겠어.

A 영어는 우리말로, 우리말은 영어로 써 봅시다.

1 line up

2 be divided into

3 cover up

4 ~에 싫증나다

5 예를 들면

6 ~ 한가운데에

B 보기에서 알맞은 말을 찾아 문장을 완성해 봅시다. (필요하면 어형 등을 바꾸세요.)

보기	have an appointment	fall asleep	on page	take back

1 I'm sorry, I _____.
죄송하지만, 제가 약속이 있어요.

2 No one can _____ their words.
아무도 자신의 말을 취소할 수는 없다.

3 A cup of warm milk can help you _____ easily.
따뜻한 우유 한 컵이 쉽게 잠들도록 도와줄 수 있어요.

4 Can you read the article _____ 76 out loud?
76쪽에 있는 기사를 소리 내어 읽어 주겠니?

C 우리말 뜻에 맞도록 빈칸에 알맞은 말을 써 봅시다.

1 She will dress _____ for the party tonight.
그녀는 오늘 밤 파티를 위해 차려 입을 것이다.

2 The shuttle bus runs back and _____ between the airport and the downtown area.
그 셔틀버스는 공항과 시내 사이를 왔다갔다하며 운행한다.

3 He bought flowers to _____ his love _____ Mary.
그는 Mary에게 자신의 사랑을 표현하기 위해 꽃을 샀다.

4 Nothing can make up _____ the loss of your health.
잃어버린 건강을 보상할 수 있는 것은 없다.

정답 A 1 줄을 서다 2 ~으로 나누어지다 3 ~을 완전히 덮다, 가리다 4 be bored with 5 for instance 6 at[in] the center of **B** 1 have an appointment 2 take back 3 (to) fall asleep 4 on page **C** 1 up 2 forth 3 express, to 4 for **D** 1 stand for → stand up for 2 not → than 3 borrow → lend **E** 1 This book is too difficult to read. 2 The children are walking side by side. 3 She likes to work in silence.

문장에서 잘못된 부분을 찾아 바르게 고쳐 봅시다.

1 You need to stand for yourself. 너는 너 자신을 옹호해야 한다.

　　_____ → _____

2 I'd rather skip lunch not eat a hamburger.
   나는 햄버거를 먹느니 차라리 점심을 굶는 게 낫겠어.

　　_____ → _____

3 Could you borrow your laptop to me? 네 노트북 컴퓨터 좀 내게 빌려줄래?

　　_____ → _____

우리말을 영어로 바꾸어 봅시다. (주어진 말을 이용하세요.)

1 이 책은 읽기에 너무 어렵다. (difficult)

　→ _____

2 아이들이 나란히 걷고 있다. (the children)

　→ _____

3 그녀는 조용히 일하는 것을 좋아한다. (like to)

　→ _____

서술형이 쉬워지는 숙어를 이용하여 선호하는 것을 표현해 봅시다. 아래 표를 보고 문장을 완성하세요. [유형 33. 선호 표현하기]

	cook dinner	eat out	stay home	go camping
I	😍	😐	😐	🙂
Kevin	😐	😍	😍	😐

1 I'd _____ cook dinner than eat out.
2 I'd _____ go camping _____ stay home.
3 Kevin _____ eat out _____ cook dinner.
4 Kevin _____ stay home _____.

정답 1 rather 2 rather, than 3 would rather, than 4 would rather, than go camping
해석 1 나는 외식하느니 차라리 저녁을 요리할 것이다. 2 나는 집에 있느니 차라리 캠핑을 갈 것이다.
3 Kevin은 요리하느니 차라리 외식을 할 것이다. 4 Kevin은 캠핑을 가느니 차라리 집에 있을 것이다.

01	**advise A to + 동사원형**	A에게 ~하도록 조언[충고]하다 I **advise** you **to** take a warm bath. 너에게 따뜻한 물로 목욕하라고 권할게.
02	**be bad for** 반대 be good for ~에 좋다	~에 좋지 않다 Too much sugar **is bad for** your teeth. 지나치게 많은 설탕은 치아에 좋지 않다.
03	**boot up**	컴퓨터를 시동하다 I **boot up** my computer as soon as I arrive at work. 나는 직장에 도착하자마자 컴퓨터를 부팅한다.
04	**bring up**	~를 양육하다; (화제를) 꺼내다 Don't **bring up** the subject. 그 주제를 꺼내지 마라.

> 이하 목적어로 사물이 올 때와 사람이 올 때의 의미가 달라지는 표현입니다.
> bring up somebody는 '~를 기르다', bring up something은 '(화제를) 꺼내다'의 의미가 됩니다.

05	**carry out**	~을 수행[이행]하다 They successfully **carried out** the mission in the jungle. 그들은 정글에서 성공적으로 임무를 수행했다.
06	**compare A with B**	A와 B를 비교하다 Don't **compare** yourself **with** others. 자신을 다른 사람과 비교하지 마세요.
07	**fall ill[sick]** 유사 get sick 병이 들다	병이 들다 When he **fell ill**, his son took care of him. 그가 병이 들었을 때, 그의 아들이 그를 돌봤다.
08	**give in (to)**	(~에게) 항복하다, 굴복하다 I don't want to **give in to** such a man. 나는 그런 사람에게 항복하고 싶지 않다.

 서술형이 쉬워지는 숙어

| 09 | **had better + 동사원형**
반대 had better not + 동사원형
~하지 않는 게 낫다 | ~하는 것이 낫다
You'**d better** go to sleep early for tomorrow.
너는 내일을 위해 일찍 자는 게 좋겠다. |

10	**help oneself to**	~을 마음껏 먹다 Help yourself to the food. 음식을 마음껏 드세요.
11	**in sight**	시야 안에, 보이는 곳에 There is no house in sight. 집 한 채 보이지 않는다.
12	**look down on** [반대] look up to ~를 존경하다	~를 낮춰 보다, 얕보다 My boss sometimes looks down on other people. 나의 상사는 때때로 다른 사람들을 낮춰 본다.
13	**lose the game** [반대] win the game 경기에 이기다	경기에 지다 We did our best, but we lost the game. 우리는 최선을 다했지만, 그 경기에서 졌다.
14	**make an effort**	노력하다, 애쓰다 Many students made a lot of efforts to pass the test. 많은 학생들이 시험에 통과하기 위해서 많은 노력을 했다.
15	**once upon a time**	옛날에 Once upon a time there was a charming prince. 옛날에 멋진 왕자가 있었어요.
16	**set off** [유사] set out 출발하다	출발하다 They set off on a journey to Europe. 그들은 유럽으로 여행을 떠났어요.
17	**stand in line** [유사] line up 줄을 서다 [비교] cut in line 새치기하다	줄을 서다 We had to stand in line for two hours to get tickets. 우리는 입장권을 사기 위해 2시간 동안 줄을 서야 했다.
18	**succeed in**	~에 성공하다 She succeeded in solving the problem. 그녀는 문제를 푸는 데 성공했다.
19	**throw A at B**	B에게 A를 던지다 Will you throw the ball at us? 그 공 우리한테 좀 던져 줄래요?
20	**with all one's heart**	진심으로 I love you with all my heart. 나는 진심으로 너를 사랑해.

A 영어는 우리말로, 우리말은 영어로 써 봅시다.

1 make an effort

2 stand in line

3 had better+동사원형

4 (~에게) 항복하다, 굴복하다

5 진심으로

6 경기에 지다

B 보기에서 알맞은 말을 찾아 문장을 완성해 봅시다. (필요하면 어형 등을 바꾸세요.)

| 보기 | succeed in | boot up | bad for | in sight |

1 Chocolate is very _____ dogs.
초콜릿은 개들에게는 매우 해롭다.

2 Please _____ the computer in front of you.
앞에 있는 컴퓨터를 부팅해 주세요.

3 We need some skills to _____ our career.
우리는 직업적으로 성공하기 위해 몇 가지 기술들이 필요하다.

4 In the end, they ate everything _____.
결국, 그들은 눈에 보이는 모든 것을 먹었다.

C 우리말 뜻에 맞도록 빈칸에 알맞은 말을 써 봅시다.

1 My mother brought _____ four children.
내 어머니는 네 명의 아이들을 기르셨다.

2 _____ upon a time, a girl named Alisa lived by the sea.
옛날에 Alisa라는 소녀가 바닷가에 살았어요.

3 The scientist carried _____ a number of experiments.
그 과학자는 많은 실험을 수행했다.

4 She _____ me to help Jimin with her homework.
그녀는 나에게 지민이가 숙제하는 것을 도와주도록 조언했다.

정답 **A** 1 노력하다, 애쓰다 2 줄을 서다 3 ~하는 것이 낫다 4 give in (to) 5 with all one's heart 6 lose the game
B 1 bad for 2 boot up 3 succeed in 4 in sight **C** 1 up 2 Once 3 out 4 advised **D** 1 of → with 2 down →
down on 3 on → off **E** 1 새들에게 돌을 던지지 마세요. 2 케이크를 마음껏 드세요. 3 그녀는 갑자기 병이 들었다.

문장에서 **잘못된** 부분을 찾아 바르게 고쳐 봅시다.

1 Some people compare running of life.
어떤 사람들은 달리기를 인생과 비교하기도 합니다.

_____ → _____

2 You should not look down other people.
다른 사람들을 얕봐서는 안 된다.

_____ → _____

3 Right after the wedding, they set on for their honeymoon.
결혼식 바로 후에, 그들은 신혼여행을 위해 출발했다.

_____ → _____

E 문장의 뜻을 우리말로 바꾸어 봅시다.

1 Don't throw a stone at the birds.

→ _____

2 Please help yourself to the cake.

→ _____

3 She suddenly fell ill.

→ _____

서술형이 쉬워지는 숙어를 이용하여 몸이 좋지 않은 친구에게 조언하는 문장을 **완성해 봅시다.** [유형 34. 충고·조언하기]

1 I'm feeling tired.
→ You had _____ go home and get some rest.

2 I'm catching a cold.
→ You _____ drink a lot of warm water.

3 I'm gaining weight.
→ _____ start exercising.

정답 1 better 2 had better 3 You'd better[You had better]
해석 1 나 피곤해. → 집에 가서 쉬는 게 좋겠어. 2 나 감기에 걸렸어. → 따뜻한 물을 많이 마시는 게 좋겠어.
3 나 체중이 늘고 있어. → 운동을 시작하는 게 좋겠어.

01	**after all**	결국, 마침내
	유사 at last, in the end 결국, 마침내	You were right **after all**.
		결국 네가 옳았어.

02	**aim at**	~을 겨냥하다, 노리다
		The hunter **aimed at** the deer.
		그 사냥꾼은 사슴을 겨냥했다.

03	**as for**	~에 대해 말하자면
	비교 as to ~에 관해서는	**As for** me, I don't like detective novels.
		저로 말하자면, 저는 탐정 소설을 좋아하지 않아요.

04	**be aware of**	~을 알다, ~을 알아차리다
	반대 be unaware of ~을 깨닫지 못하다	They **are aware of** Korean culture.
		그들은 한국 문화에 대해 알고 있다.

05	**be close to**	~와 가깝다; ~와 친하다
		The flower shop **is close to** my home.
		그 꽃 가게는 우리 집과 가까워.

서술형이 쉬워지는 숙어

| 06 | **be likely to + 동사원형** | ~할 것 같다 |
| | | Do you think it **is likely to** rain? 비가 올 것 같니? |

| 07 | **cannot ~ enough** | 아무리 ~해도 지나침이 없다 |
| | | I **can't** thank you **enough**. 정말 감사드립니다. |

08	**come up with**	~을 생각해 내다, ~을 제안하다
		She **came up with** a new idea to increase sales.
		그녀는 판매 증진을 위한 새 아이디어를 내놓았다.

09	**do volunteer work**	자원봉사를 하다
		They **do volunteer work** at a nursing home.
		그들은 양로원에서 자원봉사를 한다.

10	**get a seat**	자리를 잡다
	유사 take a seat 자리를 잡다	She arrived early in order to **get a** good **seat**.
		그녀는 좋은 자리를 잡기 위해서 일찍 도착했다.

11	**get rid of**	~을 없애다, ~을 제거하다
		You must **get rid of** bad habits.
		넌 나쁜 습관을 없애야 해.

12	**in particular**	특히, 특별히
		Are you doing anything **in particular** now?
		너 지금 특별히 하고 있는 일이라도 있니?

13	**make a reservation** **유사** reserve, book 예약하다	예약하다
		I'd like to **make a reservation** for a flight to Seoul.
		서울행 비행기를 예약하고 싶어요.

14	**narrow down**	(~까지) 줄이다, ~을 좁히다
		Try to **narrow down** the invitation list to 20.
		초청 명단을 20명으로 줄여 보도록 하세요.

15	**over and over again** **유사** again and again 몇 번이고, 되풀이해서	몇 번이고, 반복해서
		She kept saying the same thing **over and over again**.
		그녀는 같은 말을 몇 번이고 되풀이했다.

16	**pay attention to**	~에 주의를 기울이다, 신경을 쓰다
		Pay attention to what you're doing.
		네가 하고 있는 일에 주의를 기울여라.

17	**show off** **비교** show up 나타나다	~을 과시하다, ~을 자랑해 보이다
		She **showed off** her big diamond ring.
		그녀는 그녀의 큰 다이아몬드 반지를 자랑해 보였다.

18	**spend+시간+-ing**	~하는 데 시간을 보내다
		Mother Teresa **spent** her whole life helping the poor.
		테레사 수녀는 일생을 가난한 사람들을 돕는 데 보냈다.

> **이해** 「spend+돈+-ing」는 '~하는 데 돈을 쓰다'라는 뜻이 됩니다. 예를 들어, I spent 10,000 won buying a book.이라고 하면 '책을 사는 데 만 원을 썼다.'라는 의미예요.

19	**think ahead**	(앞날의 일에 대해) 미리 생각하다
		Think ahead and make plans for the future.
		앞서 생각해서 미래를 위한 계획을 세우세요.

20	**under construction**	건설 중인, 공사 중인
		The new train station is still **under construction**.
		새 기차역은 아직도 공사 중이다.

A 영어는 우리말로, 우리말은 영어로 써 봅시다.

1 think ahead

2 be close to

3 show off

4 자원봉사를 하다

5 자리를 잡다

6 결국, 마침내

B 보기에서 알맞은 말을 찾아 문장을 완성해 봅시다. (필요하면 어형 등을 바꾸세요.)

> 보기   be likely to   as for   under construction   in particular

1 It has been _____ since last year.
그건 작년 이래로 공사 중에 있어요.

2 She was pleased with this place _____.
그녀는 특히 이 장소를 마음에 들어 했다.

3 _____ the book, I have already read it.
그 책에 대해 말하자면, 난 이미 그것을 읽었어.

4 He studies very hard. He _____ become a good scholar.
그는 매우 열심히 공부해. 그는 훌륭한 학자가 될 것 같아.

C 우리말 뜻에 맞도록 빈칸에 알맞은 말을 써 봅시다.

1 We were well _____ of his intentions.
우리는 그의 의도를 잘 알고 있었다.

2 It is wrong to aim only _____ money.
돈만을 노리는 것은 잘못된 것이다.

3 I'd like to make a _____ for dinner tonight.
오늘 밤 저녁 식사를 예약하고 싶습니다.

4 I wrapped it with papers over and over _____.
나는 그것을 종이로 몇 번이고 포장했다.

5 He came _____ with a better plan.
그가 더 나은 계획을 생각해 냈다.

정답 **A** 1 (앞날의 일에 대해) 미리 생각하다 2 ~와 가깝다; ~와 친하다 3 ~을 과시하다, ~을 자랑해 보이다 4 do volunteer work 5 get a seat 6 after all   **B** 1 under construction 2 in particular 3 As for 4 is likely to   **C** 1 aware 2 at 3 reservation 4 again 5 up   **D** 1 can → cannot[can't] 2 for → to 3 up → down   **E** 1 Get rid of this old sofa. 2 I spent the weekend playing with my cat.

D 문장에서 잘못된 부분을 찾아 바르게 고쳐 봅시다.

1 I can thank you enough for your hard work. 열심히 일해 주셔서 정말 감사드려요.

    _____ → _____

2 Why don't you pay more attention for your work?

    네 일에 좀 더 집중하는 게 어때?

    _____ → _____

3 You should narrow up your choices. 당신의 선택권을 좁혀야 해요.

    _____ → _____

E 우리말 뜻에 맞도록 주어진 말을 배열해 봅시다.

1 이 낡은 소파를 치워버려라.

    → _____

    (rid, of, this old sofa, Get)

2 나는 내 고양이와 놀면서 주말을 보냈다.

    → _____

    (I, the weekend, my cat, playing, spent, with)

서술형이 쉬워지는 숙어를 이용하여 일기 예보를 써 봅시다. [유형 35. 예측하기]

Monday	Tuesday	Wednesday	Thursday	Friday	Saturday	Sunday

1 It is _____ to be sunny on Monday.

2 It _____ be rainy on Wednesday.

3 _____ on Friday and Saturday.

정답 1 likely 2 is likely to 3 It is likely to be windy
해석 1 월요일에는 화창할 것 같습니다. 2 수요일에는 비가 올 것 같습니다. 3 금요일과 토요일에는 바람이 불 것
같습니다.

01	**appeal to**	~의 마음을 끌다; ~에 호소하다
		What kind of music **appeals to** you?
		어떤 종류의 음악이 마음에 드니?

02	**as opposed to**	~과 대조적으로; ~이 아니라
		I'd like to go skiing in December, **as opposed to** October. 10월이 아니라 12월에 스키를 타러 가고 싶어요.

03	**be lucky to + 동사원형** **반대** be out of luck 운이 나쁘다	~하다니 운이 좋다
		I **am lucky to** have a friend like you.
		너와 같은 친구가 있어서 다행이야.

04	**be over**	끝나다
		When they arrived, the party **was** already **over**.
		그들이 도착했을 때, 파티는 이미 끝나 있었다.

05	**be useful for**	~에게 유용하다
		A computer is something that **is useful for** everyone.
		컴퓨터는 모든 사람에게 유용한 것이다.

06	**deal with**	~을 다루다; ~을 처리하다
		How can we **deal with** this problem?
		우리가 어떻게 이 문제를 처리할 수 있을까?

07	**ever since**	~ 이래로 줄곧
		I've liked him **ever since** I was young.
		나는 어렸을 때부터 줄곧 그를 좋아했다.

08	**excuse A for B** **유사** forgive A for B A가 B한 것을 용서하다	A가 B한 것을 용서하다
		Please **excuse** me **for** being late.
		늦은 걸 용서해 주세요.

09	**for sale** **비교** on sale 할인 중인, 판매 중인	팔려고 내놓은
		These chairs are **for sale**.
		이 의자들은 팔려고 내놓은 것이다.

10	**free A from B**	B에게서 A를 자유롭게 하다
		He had to **free** the bird **from** the cage.
		그는 새장에서 새를 풀어 주어야만 했다.

11 get through

(~을) 통과하다; 합격하다

He is too big to **get through** the window.

그는 너무 커서 그 창문을 빠져나갈 수 없다.

> 이해 get through는 '어떤 과정을 무난히 잘 통과하다, 마치다'란 뜻으로도 사용할 수 있습니다. 예를 들어, We'll get through it all.은 '우린 그 모든 과정을 잘 마치게 될 거야.'라는 뜻으로 해석할 수 있어요.

12 give birth to

비교 be born 태어나다

~을 낳다; 생겨나게 하다

She **gave birth to** twins. 그녀는 쌍둥이를 낳았다.

13 go over

비교 go through ~을 살펴보다

~을 검토하다, 조사하다

Let's **go over** it step by step from the beginning.

처음부터 차근차근 검토해 봅시다.

14 hand in

유사 turn in ~을 제출하다

(과제물 등을) 제출하다; (분실물 등을) 인계하다

Hand in your assignment by next Friday.

다음 주 금요일까지 과제를 제출하세요.

 서술형이 쉬워지는 숙어

15 in one's opinion

~의 생각에는, ~의 의견으로는

In my opinion, it's quite an interesting story.

제 의견으로는, 그건 꽤 흥미로운 이야기네요.

16 make it

(시간에) 대다; 해내다; 성공하다

Do you think you can **make it** on time?

시간에 맞게 마칠 수 있을 것 같아요?

17 point of view

관점, 견해

We all have a different **point of view**.

우리 모두는 견해가 다르다.

18 try out

비교 try -ing (시험 삼아) ~해 보다

~을 시험해 보다

It's always good to **try out** new things.

새로운 것들을 시험해 보는 것은 언제나 좋은 일이다.

19 vote for/against

~에 찬성/반대 투표하다

I **voted for** him last time. 나는 지난번에 그에게 찬성 투표를 했다.

20 walk along

~을 따라 걷다

When I was **walking along** the street, I met an old friend of mine. 길을 따라 걷다가, 나는 내 옛 친구를 만났다.

A 영어는 우리말로, 우리말은 영어로 써 봅시다.

1 be over

2 get through

3 free A from B

4 ~을 따라 걷다

5 ~에게 유용하다

6 팔려고 내놓은

B 보기에서 알맞은 말을 찾아 문장을 완성해 봅시다.

보기	point of view	go over	give birth to	as opposed to

1 I tried to look at it from his _____.
나는 그것을 그의 관점에서 보려고 노력했다.

2 _____ Jim, Andy looked happy.
Jim과는 대조적으로, Andy는 행복해 보였다.

3 She will _____ her first child next month.
그녀는 다음 달에 첫 아이를 낳을 거예요.

4 _____ the directions again before you start.
시작하기 전에 지시 사항을 다시 검토해 보세요.

C 우리말 뜻에 맞도록 빈칸에 알맞은 말을 써 봅시다.

1 I handed _____ the wallet to the police.
나는 지갑을 경찰에 인계했다.

2 He was lucky _____ have survived in the desert.
사막에서 살아남았다니 그는 운이 좋았다.

3 _____ me _____ not writing to you sooner.
당신에게 좀 더 일찍 편지를 쓰지 못한 걸 용서해 줘요.

4 Don't forget to try _____ the car before the race.
경주 전에 차를 시험해 보는 걸 잊지 마.

정답 A 1 끝나다 2 (~을) 통과하다; 합격하다 3 B에게서 A를 자유롭게 하다 4 walk along 5 be useful for 6 for sale
B 1 point of view 2 As opposed to 3 give birth to 4 Go over C 1 in 2 to 3 Excuse, for 4 out D 1 up → it 2
by → with 3 after → since E 1 The idea doesn't appeal to me. 2 People voted against her. 3 In her opinion,
he is lucky.

148

문장에서 <u>잘못된</u> 부분을 찾아 바르게 고쳐 봅시다.

1 I think she will make up as a designer.
나는 그녀가 디자이너로 성공할 거라고 생각해.
_____ → _____

2 That man is difficult to deal by. 그 남자는 상대하기가 어렵다.
_____ → _____

3 I have known her ever after she was a girl.
난 그녀가 소녀였을 때부터 그녀를 줄곧 알고 있었다.
_____ → _____

E 우리말을 영어로 바꾸어 봅시다.

1 그 아이디어는 내 마음에 들지 않는다.
→ _____

2 사람들은 그녀에게 반대 투표를 했다.
→ _____

3 그녀의 의견에 따르면, 그는 운이 좋다.
→ _____

 서술형이 쉬워지는 숙어를 이용하여, 스마트폰에 대한 글을 써 봅시다. 아래 글을 읽고 <u>잘못된</u> 부분을 세 군데 찾아 바르게 고쳐 쓰세요. [유형 36. 의견 말하기]

What do you think about smartphones? Minsu thinks they are good for people. In him opinion, smartphones have many benefits. Angie has similar opinion. At her opinion, smartphones make our lives convenient. However, Fred opinion, smartphones have both good and bad sides.

1 _____ → _____　　**2** _____ → _____
3 _____ → _____

정답　1 him → his 2 At her → In her 3 Fred opinion → in Fred's opinion
해석　스마트폰에 대해 어떻게 생각하세요? 민수는 그것들이 사람들에게 이롭다고 생각합니다. 그의 의견에 따르면, 스마트폰은 많은 이점이 있어요. Angie도 비슷한 의견입니다. 그녀의 의견에 따르면, 스마트폰은 우리들의 삶을 편리하게 만들어 주지요. 하지만 Fred의 의견에 따르면, 스마트폰은 장점과 단점 모두를 가지고 있습니다.

01	**at hand**	(시간 · 거리상으로) 가까운

I always keep my water bottle **at hand**.
나는 항상 가까운 곳에 물병을 둔다.

---

02 **be made from**
비교 be made of ∼로 만들어지다
(물리적 변화)

∼으로 만들어지다 (화학적 변화)
Wine **is made from** grapes.
와인은 포도로 만들어진다.

---

03 **be related to**

∼과 관련이 있다; ∼와 친척간이다
The growth of plants **is related to** the weather.
식물의 성장은 날씨와 관련이 있다.

---

04 **be similar to**
반대 be different from
∼과 다르다

∼과 비슷하다[유사하다]
This picture **is similar to** that one.
이 그림은 저것과 유사하다.

---

05 **count on**

∼를 믿다; ∼을 확신하다
You can **count on** me. 저를 믿어도 됩니다.

---

06 **dream of[about]**

∼을 꿈꾸다
I **dream of** working at a big company in New York.
나는 뉴욕에 있는 큰 회사에서 일하는 것을 꿈꾼다.

> 아하 자면서 꾸는 꿈이 아니라, 무척 바라는 것을 나타낼 때에도 꿈을 꾼다는
> 표현을 사용해요. 예를 들면, My dream has come true.는 '내 꿈이
> 실현되었어.'라는 뜻이고, I had a dream about pigs.는 '돼지꿈을 꾸
> 었어.'라는 뜻입니다.

---

07 **end in**

∼으로 끝나다
The joke **ended in** a fight. 농담이 싸움으로 끝났다.

---

08 **forgive A for B**
유사 excuse A for B
A가 B한 것을 용서하다

A가 B한 것을 용서하다
Will you **forgive** me **for** breaking your window?
제가 창문을 깬 것을 용서해 주시겠어요?

---

09 **have (∼) in mind**

(∼을) 염두에 두다, 생각하다
Do you **have** anything **in mind** for Jiho's present?
넌 지호의 선물로 염두에 둔 것이 있니?

---

10 **in advance**

미리, 사전에
She reserved the seat **in advance**.
그녀는 미리 좌석을 예약했다.

11	**keep one's fingers crossed**	행운을 빌다 I'll **keep my fingers crossed** for you. 내가 행운을 빌어 줄게.
12	**look away**	눈길을 돌리다 She quickly **looked away** and stared down at her hands. 그녀는 재빨리 눈길을 돌려 자신의 손을 내려다 보았다.

 ## 서술형이 쉬워지는 숙어

13	**must be**	~임에 틀림없다 He **must be** pretty busy. 그는 꽤 바쁜 게 틀림없어.
14	**pass away**	사망하다[돌아가시다] I'm so sorry to hear that your father **passed away**. 너의 아버지께서 돌아가셨다니 정말 유감이야.
15	**put off** 유사 postpone 연기하다	~을 미루다, ~을 연기하다 You can't **put off** sending out Thank-you cards. 감사 카드 보내는 일을 미뤄선 안 돼요.
16	**set up**	~을 설립하다, ~을 세우다 The company has **set up** a new branch in Hanoi. 그 회사는 하노이에 새 지사를 설립했다.
17	**tell A from B** 유사 tell apart 구별하다	A와 B를 구별하다 He doesn't **tell** right **from** wrong. 그는 옳고 그른 것을 구별하지 못한다.
18	**up to date** 반대 out of date 시대에 뒤떨어진	최신(식)의, 지금 유행하는 We try to keep our database **up to date**. 우리는 우리의 데이터베이스를 최신으로 유지하려 노력한다.
19	**wash away**	휩쓸어 가다 The sea **washed** the ship **away**. 바다가 그 배를 쓸어가 버렸다.
20	**with a sigh**	한숨을 쉬며 "I lost my keys again," he said **with a sigh**. "나 열쇠를 또 잃어버렸어."라고 그가 한숨을 쉬며 말했다.

A 영어는 우리말로, 우리말은 영어로 써 봅시다.

1 end in

2 at hand

3 in advance

4 A가 B한 것을 용서하다

5 휩쓸어 가다

6 ~과 비슷하다[유사하다]

B 보기에서 알맞은 말을 찾아 문장을 완성해 봅시다. (필요하면 어형 등을 바꾸세요.)

보기	be made from	dream of	must be	put off

1 He _____ popular in his class.
그는 그의 반에서 인기가 있음에 틀림없어.

2 Bricks _____ various kinds of clay.
벽돌은 각종 진흙으로 만들어진다.

3 The girl _____ becoming a president.
그 소녀는 대통령이 되는 꿈을 꾼다.

4 They had to _____ their visit to Toronto.
그들은 토론토 방문을 연기해야 했다.

C 우리말 뜻에 맞도록 빈칸에 알맞은 말을 써 봅시다.

1 Let me know what you have in _____.
생각하는 바를 알려 주세요.

2 It's difficult to tell him _____ his twin brother.
그와 그의 쌍둥이 동생을 구별하는 것은 어렵다.

3 The use of chopsticks is related _____ their main food, rice.
젓가락의 사용은 그들의 주식인 쌀과 관련이 있다.

4 Our company set _____ two more branches.
우리 회사는 지점을 두 개 더 설립했다.

정답 A 1 ~으로 끝나다 2 (시간 · 거리상으로) 가까운 3 미리, 사전에 4 forgive A for B 5 wash away 6 be similar to **B** 1 must be 2 are made from 3 dreams of 4 put off **C** 1 mind 2 from 3 to 4 up **D** 1 upon → with 2 cross → crossed 3 out → away **E** 1 너는 그의 약속을 믿지 않는 게 좋을 거야. 2 그들은 그들의 기록을 최신의 상태로 유지한다. 3 어젯밤 그녀의 할머니께서 돌아가셨다.

D 문장에서 <u>잘못된</u> 부분을 찾아 바르게 고쳐 봅시다.

1 She sat on the sofa upon a sigh. 그녀는 한숨을 쉬면서 소파에 앉았다.

    _____ → _____

2 Please keep your fingers cross for me. 행운을 빌어 줘.

    _____ → _____

3 When he was on the screen, we could not look out.
그가 화면에 나오자 우리는 눈길을 돌릴 수가 없었다.

    _____ → _____

E 문장의 뜻을 우리말로 바꾸어 봅시다.

1 You'd better not count on his promise.

  → _____

2 They keep their records up to date.

  → _____

3 Her grandmother passed away last night.

  → _____

서술형이 쉬워지는 숙어를 이용하여 각 인물의 상태를 추측해 봅시다. 빈칸에 어울리는 말을 보기에서 찾아 문장을 완성하세요. [유형 37. 확신 말하기]

보기	busy	full	sleepy	~~hungry~~

1 You didn't eat lunch. You _____ hungry.
2 You have so much work to do. You must _____.
3 He ate 3 hamburgers. He _____.
4 She went to bed at 2 a.m. She _____.

정답 1 must be 2 be busy 3 must be full 4 must be sleepy
해석 1 너는 점심을 먹지 않았어. 너는 분명히 배가 고프겠구나. 2 너는 할 일이 정말 많아. 너는 분명히 바쁘겠구나. 3 그는 햄버거를 3개 먹었다. 그는 분명히 배가 부를 것이다. 4 그녀는 새벽 2시에 잠을 잤다. 그녀는 분명히 졸릴 것이다.

Day 38

01 apologize for

~에 대해 사과하다

I **apologize for** the late reply. 늦게 답을 드려 사과 드립니다.

02 associate with

~와 어울리다, 사귀다

Don't **associate with** dishonest people.

정직하지 못한 사람들과 어울리지 마라.

03 at the heart of

유사 at[in] the center of
~ 한가운데에

~의 심장부에, ~의 가운데에

Namsan Mountain is **at the heart of** Seoul.

남산은 서울의 심장부에 있다.

04 be based on

~에 기초하다, ~에 근거하다

The film **is based on** a true story.

그 영화는 실제 이야기에 기초한 것이다.

05 be due to+동사원형

비교 due to ~ 때문에

~하기로 되어 있다, ~할 예정이다

The issue **is due to** be discussed in the meeting.

그 주제는 회의에서 논의될 거예요.

 ## 서술형이 쉬워지는 숙어

**06 be surprised to
+동사원형**

비교 be surprised at ~에 놀라다

~해서 놀라다

I'm **surprised to** see your car.

나는 네 차를 보고 놀랐어.

07 be[get] used to

비교 be used to+동사원형
~하는 데 사용되다
used to+동사원형
(과거에) ~하곤 했다

~에 익숙하다

She **is used to** driving at night.

그녀는 밤에 운전하는 것에 익숙하다.

> **아하** '~에 익숙하다'라는 의미로 be used to가 사용될 때에는 to가 전치사이므로 뒤에 명사나 동명사가 옵니다. 「be used to+동사원형」은 '~하는 데 사용되다'의 뜻이므로 주의해야 합니다. 또한, be동사 없이 「used to+동사원형」은 '~하곤 했다'의 의미입니다.

08 carry away

비교 wash away 휩쓸어 가다

~을 가져가 버리다; (물이) ~을 휩쓸어 가다

Everything was **carried away** by the flood.

홍수가 모든 것을 휩쓸어 갔다.

09 come true

실현되다

Finally, my dream **came true**!

드디어 제 꿈이 이루어졌어요!

10	**do without**	~ 없이 지내다 I can't **do without** music. It is part of my life. 나는 음악 없이 지낼 수 없어. 그건 내 삶의 일부야.
11	**dry up**	바싹 마르다 The river **dried up** due to the drought. 가뭄 때문에 강이 바싹 말랐다.
12	**fall on** 유사 fall down 넘어지다	~ 위에 떨어지다, 쓰러지다 He **fell on** the ice and broke his leg. 그는 빙판 위에서 넘어져서 다리가 부러졌다.
13	**hold together**	맞잡다; 뭉치다 **Hold** your hands **together**. 두 손을 맞잡으세요.
14	**keep down** 유사 turn down (소리를) 낮추다	억제하다; 낮추다 Please **keep** the volume **down**. 볼륨을 낮춰 주세요.
15	**make up one's mind** 유사 make a decision 결심하다	결심하다 I **made up my mind** to get up early. 나는 일찍 일어나기로 마음을 먹었다.
16	**matter to**	~에게 중요하다; ~에게 문제가 되다 What other people think doesn't **matter to** me. 다른 사람들이 어떻게 생각하는지는 내게 중요하지 않다.
17	**run into**	~를 우연히 만나다; ~과 충돌하다 I never dreamed I would **run into** you here. 너를 여기서 만날 거라고는 꿈에도 생각 못했어.
18	**say goodbye to** 반대 say hello to ~에게 안부를 전하다	~에게 작별 인사를 하다 I want to **say goodbye to** Bora. 보라에게 작별 인사를 하고 싶어요.
19	**win a medal**	메달을 따다 He **won** a gold **medal**. 그는 금메달을 땄다.
20	**wish ~ good luck**	~에게 행운을 빌어 주다 They **wished** us **good luck** when we departed for India. 그들은 우리가 인도를 향해 떠날 때 행운을 빌어 주었다.

Daily Test

38th

A 영어는 우리말로, 우리말은 영어로 써 봅시다.

1 at the heart of

2 dry up

3 win a medal

4 ~ 위에 떨어지다, 쓰러지다

5 ~에게 중요하다; ~에게 문제가 되다

6 ~을 가져가 버리다; (물이) ~을 휩쓸어 가다

B 보기에서 알맞은 말을 찾아 문장을 완성해 봅시다. (필요하면 어형 등을 바꾸세요.)

보기	be due to	run into	hold together	come true

1 The car has _____ the truck.
그 차는 트럭과 충돌했다.

2 I know that my dream will _____.
난 내 꿈이 실현될 것을 안다.

3 We need a leader who will _____ the nation _____.
우리는 국민들을 하나로 뭉치게 할 지도자가 필요합니다.

4 He _____ graduate from middle school in February.
그는 2월에 중학교를 졸업할 예정이다.

C 우리말 뜻에 맞도록 빈칸에 알맞은 말을 써 봅시다.

1 He is _____ the summer heat.
그는 여름 더위에 익숙하다.

2 Their happiness is based _____ love, not money.
그들의 행복은 돈이 아니라 사랑에 기초한 것이다.

3 He apologized to her _____ his mistake.
그는 그녀에게 잘못을 사과했다.

4 Let's not associate _____ those rude people.
저런 무례한 사람들과는 어울리지 맙시다.

5 I can't make _____ my mind.
저는 마음을 정할 수가 없어요.

정답 **A** 1 ~의 심장부에, ~의 가운데에 2 바싹 마르다 3 메달을 따다 4 fall on 5 matter to 6 carry away **B** 1 run into 2 come true 3 hold, together 4 is due to **C** 1 used to 2 on 3 for 4 with 5 up **D** 1 make → keep 2 surprising → surprised 3 with → without **E** 1 Did you say goodbye to your friends? 2 I wish you good luck in your new job.

156

D 문장에서 잘못된 부분을 찾아 바르게 고쳐 봅시다.

1 He could not make down his anger. 그는 화를 억제할 수 없었다.

　　　_____ → _____

2 I was surprising to hear of his failure. 나는 그의 실패 소식을 듣고 놀랐다.

　　　_____ → _____

3 She said she can do with snacks. 그녀는 간식 없이 지낼 수 있다고 말했다.

　　　_____ → _____

E 우리말 뜻에 맞도록 주어진 말을 배열해 봅시다.

1 너는 친구들에게 작별 인사를 했니?

→ _____

　　(Did, say, to, you, your friends, goodbye)

2 나는 너의 새 직업에 행운이 있기를 빌어.

→ _____

　　(I, you, good luck, in, wish, your new job)

서술형이 쉬워지는 숙어를 이용하여 놀라움을 나타내는 말을 해 봅시다. 그림을 보고, 문장을 완성하세요. [유형 38. 놀라움 표현하기]

| 1 | 2 | 3 |

1 I am surprised _____ see you here.

2 I _____ to win the award.

3 I _____ receive a letter from Jason.

정답 1 to 2 am surprised 3 am surprised to
해석 1 당신을 여기에서 보게 되다니 놀라워요. 2 상을 받게 되어서 놀라워요. 3 Jason으로부터 편지를 받게 되어 놀라워요.

| 01 | **all of a sudden** | 갑자기 |
| | 유사 all at once, suddenly 갑자기 | **All of a sudden**, it began to rain. 갑자기 비가 내리기 시작했다. |

| 02 | **ask around** | 이리저리 알아보다 |
| | | I **asked around** but no one has heard of Mary. 이리저리 알아봤지만 누구도 Mary에 대해 들어 본 적이 없다. |

| 03 | **be concerned about** | ~을 걱정하다; ~에 관심을 가지다 |
| | 유사 be worried about ~을 걱정하다 | You don't have to **be concerned about** this. 너는 이번 일을 걱정할 필요 없어. |

| 04 | **be replaced by** | ~으로 교체되다, 대체되다 |
| | | He **is replaced by** a more experienced man. 그는 더 경험이 많은 사람으로 교체되었다. |

| 05 | **cheat on** | (시험에서) 부정행위를 하다 |
| | | Did you **cheat on** the test? 너 시험에서 부정행위를 했니? |

| 06 | **feel[be] sorry for** | ~를 안쓰럽게 여기다 |
| | | I **feel sorry for** him. 나는 그가 안쓰러워. |

| 07 | **give it a try** | 시도하다, 한번 해 보다 |
| | | Why don't you **give it a try** anyway? 어쨌든 한번 해 보는 게 어때? |

| 08 | **have to do with** | ~과 관계가 있다 |
| | 반대 have nothing to do with ~와 관계가 없다 | I don't **have to do with** it. 저는 그것과 관계가 없어요. |

서술형이 쉬워지는 숙어

| 09 | **I wonder if ~** | ~인지 궁금하다 |
| | | I **wonder if** he is going to college. 나는 그가 대학에 다니는지 궁금하다. |

| 10 | **lead A to B** | A를 B로 이끌다 |
| | | The waiter **led** us **to** the table. 웨이터는 우리를 테이블로 데려갔다. |

11 learn by heart
유사 know by heart ~을 외우다

~을 외우다

I **learned** the poem **by heart**. 난 그 시를 외웠다.

12 make fun of
유사 laugh at ~을 비웃다

~를 비웃다, ~를 놀리다

Don't **make fun of** me. 나를 놀리지 마.

13 on purpose

고의로, 일부러

I didn't do it **on purpose**. 일부러 그런 것은 아니었어요.

14 on the road

여행[이동] 중인

She is **on the road**, writing a book.

그녀는 여행하며 책을 쓰고 있다.

15 prior to
유사 ahead of ~에 앞서

~에 앞서, 먼저

He went to Paris **prior to** his graduation.

그는 졸업에 앞서 파리에 갔다.

16 run for

~에 출마하다

I **ran for** class president. 나는 학급 회장에 출마했다.

17 set free
비교 free A from B
　　B에게서 A를 자유롭게 하다

~을 풀어주다, 석방하다

The new government **set** some prisoners **free**.

새 정부는 몇몇 죄수들을 석방했다.

18 the last few days

지난 며칠간

The flower grew so much in **the last few days**.

그 꽃은 지난 며칠간 많이 자랐다.

19 to tell the truth

사실대로 말하자면

To tell the truth, I don't like it that much.

사실대로 말하자면, 난 그게 그다지 마음에 들지 않아.

20 whether ~ or not

~인지 아닌지; ~이든 아니든

Tell me **whether** he is at home **or not**.

그가 집에 있는지 없는지 나한테 말해 줘.

> 이해 whether ~ or not은 '~인지 아닌지'로 해석되기도 하고, '~이든 아니든'으로 해석되기도 합니다. 예를 들어, Whether you like it or not, you will take the test tomorrow.는 '너희들이 좋든 싫든 내일 시험을 볼 거야.'의 뜻입니다.

Daily Test

 **39**th

A 영어는 우리말로, 우리말은 영어로 써 봅시다.

1 be replaced by

2 make fun of

3 have to do with

4 지난 며칠간

5 여행[이동] 중인

6 사실대로 말하자면

B 보기에서 알맞은 말을 찾아 문장을 완성해 봅시다.

| 보기 | prior to | all of a sudden | on purpose | ask around |

1 She dropped her bag _____.
  그녀는 일부러 가방을 떨어뜨렸다.

2 A good idea occurred to me _____.
  나에게 갑자기 좋은 생각이 떠올랐다.

3 I'll _____ to see if there's a good restaurant.
  좋은 식당이 있는지 여기저기 알아볼게.

4 I visited him _____ my departure.
  나는 출발에 앞서 그를 방문했다.

C 우리말 뜻에 맞도록 빈칸에 알맞은 말을 써 봅시다.

1 They set Mr. Evans, the captain of the ship, _____.
  그들은 그 배의 선장인 Evans 씨를 석방했다.

2 I wonder _____ you feel the same way.
  너도 똑같이 느끼는지 궁금해.

3 We were very much concerned _____ your health.
  우리는 당신의 건강에 대해 많이 걱정했어요.

4 I asked her _____ he is coming or not.
  나는 그녀에게 그가 오는지 오지 않는지 물어봤다.

정답 A 1 ~으로 교체되다, 대체되다 2 ~를 비웃다, ~를 놀리다 3 ~과 관계가 있다 4 the last few days 5 on the road 6 to tell the truth **B** 1 on purpose 2 all of a sudden 3 ask around 4 prior to **C** 1 free 2 if 3 about 4 whether **D** 1 sorry → sorry for 2 for → to 3 in → by **E** 1 She decided to give it a try. 2 I didn't cheat on the test. 3 He plans to run for mayor.

문장에서 **잘못된** 부분을 찾아 바르게 고쳐 봅시다.

1 I feel sorry the fish in the lake.
  나는 호수의 물고기들이 안쓰럽다.
  _____ → _____

2 They led me for the stage.
  그들은 나를 무대로 이끌었다.
  _____ → _____

3 You don't have to learn everything in heart.
  너는 모든 것을 암기할 필요는 없다.
  _____ → _____

E 우리말을 영어로 바꾸어 봅시다. (주어진 말을 이용하세요.)

1 그녀는 한번 시도해 보기로 결정했다. (decide)
  → _____

2 나는 시험에서 부정행위를 하지 않았다. (the test)
  → _____

3 그는 시장에 출마할 계획이다. (mayor)
  → _____

서술형이 **쉬워지는 숙어**를 이용하여 궁금증을 나타내는 말을 해 봅시다. 빈칸을 채워 대화를 완성하세요. [유형 39. 궁금증 표현하기]

1 A: I wonder _____ he is still sick.
  B: I heard that he is okay now.

2 A: I _____ she remembers me.
  B: I'm sure she does. She talked about you last week.

3 A: _____ she is at the library.
  B: She went out to the mall with her friends.

정답 1 if 2 wonder if 3 I wonder if
해석 1 A: 그가 아직도 아픈지 궁금해요. B: 지금은 괜찮다고 들었어요. 2 A: 그녀가 나를 기억하는지 궁금해요.
B: 분명 그럴 거예요. 지난주에 당신 이야기를 했어요. 3 A: 그녀가 도서관에 있는지 궁금해요. B: 그녀는 친구들과
쇼핑몰에 갔어요.

01 argue with

〜와 언쟁하다, 다투다
I **argue with** my brother all the time.
나는 늘 형과 언쟁을 한다.

02 be ashamed of

〜을 부끄러워하다
You must **be ashamed of** your bad habits.
너는 네 나쁜 습관을 부끄러워해야 한다.

03 be out
비교 go out 나가다

나가고 (집에) 없다
She's **out** at the moment. 그녀는 지금 나가고 없어요.

04 belong to

〜에 속하다, 〜의 소유이다
This book **belongs to** me. 이 책은 내 거야.

05 carry on
유사 keep up 〜을 계속하다

〜을 계속하다
Keep calm and **carry on**.
평정심을 유지하면서 계속하세요.

06 check on

〜을 확인하다, 살펴보다
The doctor **checked on** his patients.
의사 선생님은 환자들을 살펴보았다.

07 fall behind

〜에 뒤지다[뒤떨어지다]
Let's do our best not to **fall behind** the schedule.
일정에 뒤처지지 않도록 최선을 다합시다.

08 for nothing
유사 for free 공짜로

공짜로; 헛되이
I got the ticket **for nothing**. 나는 공짜로 그 표를 얻었어.

09 get away from

〜에서 벗어나다, 〜에서 도망치다
Sometimes I want to **get away from** everything.
때로는 난 모든 것에서 도망치고 싶어.

10 grow out of
비교 grow up 자라다

(자라서) 〜을 못 입게 되다
He **grew out of** his favorite shirt.
그는 몸이 자라서 그가 좋아하는 셔츠를 못 입게 되었다.

11 in a way

어느 정도는; 어떤 점에서는
In a way I think you're right. 어느 정도는 네가 옳다고 생각해.

12	**in comparison with[to]**	~과 비교해 볼 때 The earth is small **in comparison with** the sun. 지구는 태양과 비교해 볼 때 작다.
13	**live through** 유사 go through ~을 겪다	(살면서) ~을 겪다 I never want to **live through** that again. 그런 일은 다시는 겪고 싶지 않아요.
14	**make[give, deliver] a speech**	연설하다 My teacher was asked to **make a speech**. 우리 선생님은 연설을 해 달라는 요청을 받으셨다.
15	**neither A nor B** 비교 either A or B A와 B 둘 중 하나	A도 아니고 B도 아닌 She has **neither** time **nor** money. 그녀는 시간도 없고 돈도 없다.
16	**pay off**	~을 다 갚다[청산하다] He spent his whole life trying to **pay off** the debt. 그는 살면서 내내 빚을 갚으려고 애썼다.
17	**quite a few**	많은 수의 **Quite a few** guests came to his birthday party. 상당히 많은 손님들이 그의 생일 파티에 왔다.

 ## 서술형이 쉬워지는 숙어

18	**should have + 과거분사** 반대 shouldn't have + 과거분사 ~하지 말았어야 했는데 (해서 유감이다)	~했어야 했는데 (하지 않아서 유감이다) I **should have** bought it when it was on sale. 나는 그것을 할인할 때 샀어야 했다.
19	**the majority of** 유사 most of ~의 대부분	~의 대부분 I remember **the majority of** what I read. 나는 내가 읽은 것들의 대부분을 기억하고 있어.
20	**wear out**	(낡아서) 떨어지다, 닳다 Jeans don't **wear out** easily. 청바지는 쉽게 닳지 않는다.

> **이해** wear out은 수동태로도 자주 쓰입니다. My jacket is worn out.처럼 써서 '내 재킷이 다 닳았어.'라는 뜻을 나타낼 수 있습니다. I'm worn out.처럼 사람에 사용하면, '나 너무 지쳤어.'라는 뜻이 됩니다.

Daily Test

A 영어는 우리말로, 우리말은 영어로 써 봅시다.

1 quite a few

2 in a way

3 make[give. deliver] a speech

4 나가고 (집에) 없다

5 ~을 확인하다, 살펴보다

6 (살면서) ~을 겪다

B 보기에서 알맞은 말을 찾아 문장을 완성해 봅시다. (필요하면 어형 등을 바꾸세요.)

| 보기 | pay off | in comparison with | be ashamed of | carry on |

1 You can _____ without me.
저 없이도 계속 하실 수 있을 거예요.

2 It took 10 years for us to _____ all the debt.
우리가 빚을 모두 갚는 데 10년이 걸렸다.

3 I _____ what I did.
나는 내가 한 일이 부끄럽다.

4 Busan is far away from here _____ Seoul.
서울과 비교해 볼 때 부산은 이곳에서 멀다.

C 우리말 뜻에 맞도록 빈칸에 알맞은 말을 써 봅시다.

1 Take my hand and don't fall _____.
내 손을 잡고 뒤처지지 마.

2 All my efforts went for _____.
나의 모든 노력이 수포로 돌아갔다.

3 The majority _____ my friends prefer tea to coffee.
제 친구들 대부분이 커피보다는 차를 더 좋아해요.

4 _____ Ryan _____ Yunjin finished the work.
Ryan과 윤진 모두 일을 마치지 못했다.

정답 A 1 많은 수의 2 어느 정도는; 어떤 점에서는 3 연설하다 4 be out 5 check on 6 live through **B** 1 carry on 2 pay off 3 am ashamed of 4 in comparison with **C** 1 behind 2 nothing 3 of 4 Neither, nor **D** 1 wear → worn 2 be → been 3 get from → get away from **E** 1 난 너와 논쟁하지 않을 거야. 2 독도는 대한민국에 속해 있다. 3 그녀는 곧 (자라서) 이 드레스를 못 입게 될 것이다.

D 문장에서 <u>잘못된</u> 부분을 찾아 바르게 고쳐 봅시다.

1 All my sweaters are wear out. 제 스웨터들이 전부 닳았어요.

_____ → _____

2 I should have be more careful. 나는 좀 더 조심했었어야 했는데.

_____ → _____

3 She decided to get from the noisy city. 그녀는 시끄러운 도시를 벗어나기로 결심했다.

_____ → _____

E 문장의 뜻을 우리말로 바꾸어 봅시다.

1 I'm not going to argue with you.

→ _____

2 Dokdo belongs to Korea.

→ _____

3 She will grow out of this dress soon.

→ _____

서술형이 쉬워지는 숙어를 이용하여 후회를 나타내 봅시다. 주어진 단어를 이용하여 문장을 완성하세요. [유형 40. 후회 나타내기]

1 I got a bad grade. I should _____ harder. (study)

2 I was late for school. I _____ to bed early. (go)

3 I feel so full. I _____ a lot. (eat)

정답 1 have studied 2 should have gone 3 shouldn't have eaten
해석 1 나는 낮은 성적을 받았다. 나는 열심히 공부했어야 했다. 2 나는 학교에 지각했다. 나는 일찍 잠자리에 들었어야 했다. 3 배가 너무 부르다. 나는 많이 먹지 말았어야 했다.

01 abound in

~이 많이 있다, 풍부하다

Fresh fruits and vegetables **abound in** the market.

신선한 과일과 채소가 그 시장에 무척 많아요.

> **이해** abound in 뒤에는 사물과 장소가 모두 올 수 있습니다. The market abounds in fresh fruits and vegetables.도 위와 같은 의미의 문장이 되므로 주의해야 해요.

02 as to

~에 관해서는

There can be no two opinions **as to** this matter.

이 문제에 관해서는 다른 의견이 있을 리가 없어요.

03 at any cost

유사 at all costs 어떻게 해서라도

어떻게 해서라도, 기필코

I will do the work **at any cost**.

나는 어떻게 해서라도 그 일을 해내겠어.

04 be considered to + 동사원형

~으로 생각되다, 여겨지다

He **is considered to** be an excellent teacher.

그는 훌륭한 선생님으로 여겨진다.

05 be into

유사 be interested in ~에 관심이 있다

~에 관심이 있다, ~에 빠져 있다

He **is** really **into** basketball.

그는 농구에 완전히 빠져 있다.

06 be out of luck

운이 나쁘다

I guess I'**m out of luck** today. Nothing went right.

오늘 운이 나쁜 것 같아. 되는 일이 없었어.

 서술형이 쉬워지는 숙어

07 be sure (that)

~이라고 확신하다

He **is sure that** he will take first place.

그는 그가 1등할 것이라고 확신한다.

08 charge up

충전하다

I think you should **charge up** your phone.

너는 전화기를 충전해야 할 것 같아.

09 cut out

잘라 내다; 삭제하다

Don't **cut out** the corners of the picture.

그 그림의 귀퉁이들을 잘라 내지 마라.

10 even though

비록 ~일지라도

Even though it rained, we ran outside.

비록 비가 왔지만, 우리는 밖에서 뛰었어요.

11 for a change

기분 전환으로

I got a haircut **for a change**.

저는 기분 전환으로 머리를 커트했어요.

12 have an impact on

~에 영향을 주다

My grandfather **had a** great **impact on** my life.

나의 할아버지는 내 삶에 큰 영향을 주셨다.

13 in contrast

유사 on the contrary
그와는 반대로

그에 반해서, 반대로

I am quiet. **In contrast**, my sister is very outgoing.

나는 조용한 성격이다. 그에 반해서, 내 여동생은 굉장히 활발하다.

14 in reality

사실은, 실제로는

In reality, they are not in love.

실제로, 두 사람은 사랑하는 사이가 아니다.

15 less than

반대 more than ~보다 많은

~보다 적은, ~ 미만

My laptop broke in **less than** a week after its purchase.

내 노트북이 구입 후 일주일도 안 되어서 고장이 났다.

16 on the market

시장에 나와 있는

That model will be **on the market** next month.

저 모델은 다음 달에 출시될 것입니다.

17 provide A with B

비교 provide B for[to] A
A에게 B를 제공하다

A에게 B를 제공하다

My parents **provide** me **with** everything I need.

우리 부모님은 내가 필요한 모든 것을 나에게 제공해 주신다.

18 run down

(건전지 등이) 다 되다; (기계 등이) 멈추다

The battery has **run down**. 배터리가 다 됐어요.

19 turn in

유사 hand in 제출하다, 인계하다

~을 돌려주다; ~을 제출하다

You should **turn in** the watch that you found.

너는 주운 시계를 돌려주어야 해.

20 volunteer for

~에 지원[자원]하다

He **volunteered for** the army. 그는 군대에 자원 입대했다.

A 영어는 우리말로, 우리말은 영어로 써 봅시다.

1 as to

2 less than

3 turn in

4 충전하다

5 시장에 나와 있는

6 ～이 많이 있다, 풍부하다

B 보기에서 알맞은 말을 찾아 문장이나 대화를 완성해 봅시다. (필요하면 어형 등을 바꾸세요.)

보기	volunteer for	be sure that	cut out	in contrast

1 She _____ that task.
그녀가 그 업무에 지원했다.

2 I _____ a circle of paper.
나는 원 모양의 종이를 잘라 냈다.

3 _____, basketball is not popular in this area.
그와 대조적으로, 농구는 이 지역에서 인기가 없다.

4 A: Shawn is baking a cake now. Shawn이 지금 케이크를 굽고 있어.
  B: I _____ it will be delicious. He is a great baker.
   나는 그것이 맛있을 거라고 확신해. 그는 훌륭한 제빵사야.

C 우리말 뜻에 맞도록 빈칸에 알맞은 말을 써 봅시다.

1 I will save her _____ any cost.
나는 어떻게 해서라도 그녀를 구할 것이다.

2 _____ though he said so, I do not believe him.
비록 그가 그렇게 말했을지라도, 나는 그를 믿지 않는다.

3 _____ reality, he isn't very rich.
실제로, 그는 그렇게 부자가 아니야.

4 I think celebrities have an impact _____ fashion.
나는 유명인사들이 패션에 영향을 준다고 생각한다.

D 문장에서 <u>잘못된</u> 부분을 찾아 바르게 고쳐 봅시다.

1 I'm out of lucky. The seats are all taken. 운이 없네. 자리가 다 찼어.

    _____ → _____

2 The battery is running up. 배터리가 다 되어 간다.

    _____ → _____

3 The school uniform is consider to be a symbol of students.
교복은 학생의 상징으로 여겨진다.

    _____ → _____

E 우리말을 영어로 바꾸어 봅시다.

1 그는 기분 전환으로 조깅하러 갔다.

    → _____

2 Linda는 록 음악에 빠져 있다.

    → _____

3 그 나무들은 우리에게 과일을 제공해 준다.

    → _____

서술형이 쉬워지는 숙어를 이용하여 확신을 나타내 봅시다. 그림을 보고 문장을 완성하세요. [유형 41. 확실성 정도 표현하기]

1 I'm _____ that she will win the race.

2 I'm _____ he will get a good grade.

3 _____ they will go to bed early.

정답　1 sure　2 sure (that)　3 I am[I'm] sure (that)
해석　1 나는 그녀가 경주에서 우승할 것을 확신한다. 2 나는 그가 좋은 성적을 받을 것이라고 확신한다.
3 나는 그들이 일찍 잘 것이라고 확신한다.

01 at the top of
반대 at the bottom of
~의 밑바닥에

~의 윗부분에[맨 위에]
His name is marked **at the top of** the list.
그의 이름이 명단 맨 위에 쓰여 있어요.

02 be absent from

~에 결석하다
I **was absent from** school for three days.
저는 3일 동안 학교에 결석했어요.

03 be anxious about
비교 be anxious for ~을 갈망하다

~을 걱정하다, 염려하다
I am very **anxious about** my parents' health.
나는 부모님의 건강이 무척 걱정된다.

04 be short of
비교 run out of
(물건, 돈 따위가) 바닥나다

~이 부족하다
I'm a little **short of** cash right now.
지금 당장 제가 현금이 좀 부족해요.

05 call on

방문하다
She will **call on** her uncle next week.
그녀는 다음 주에 삼촌을 방문할 것이다.

06 during one's lifetime

일생 동안, 살아 생전에
During his lifetime, he experienced two wars.
일생 동안, 그는 두 차례의 전쟁을 경험했다.

07 generally speaking
유사 in general 일반적으로

일반적으로 말하면
Generally speaking, women live longer than men.
일반적으로 말하면, 여성이 남성보다 더 오래 산다.

08 go through

~을 겪다; ~을 살펴보다
The country is **going through** a lot of changes.
그 나라는 많은 변화를 겪고 있다.

09 hang out with

~와 어울리다, 시간을 보내다
I like to **hang out with** my friends after school.
나는 방과 후에 친구들과 어울리는 것을 좋아한다.

10 have a fever
비교 have a runny nose
콧물이 나다

열이 나다
I **have a fever** and a terrible headache.
나는 열이 나고 두통이 심하다.

11	**in public**	공개적으로, 사람들 앞에서

비교 in person 직접, 몸소

Larry doesn't like to speak **in public**.
Larry는 사람들 앞에서 말하는 것을 좋아하지 않는다.

---

12 **leave out** ~을 빼다, 생략하다

Let's **leave out** chapter three. It is too easy.
3장은 생략하자. 너무 쉬워.

---

13 **make an appointment with** ~와 만날 약속을 하다

비교 have an appointment 약속이 있다

She **made an appointment with** him.
그녀는 그와 (만나기로) 약속을 했다.

> 이해 여기서 말하는 약속은 실제 만나서 무엇을 할지, 만날 시간과 장소 등을 정하는 의미입니다. 다짐을 나타내는 약속은 make a promise로 나타내므로 문맥에 맞게 사용해야 합니다.

---

14 **manage to + 동사원형** 간신히 ~하다

She **managed to** pass the exam. 그녀는 간신히 시험을 통과했다.

---

15 **out of order** 고장이 난

The oven is **out of order** again. 오븐이 또 고장 났어.

---

16 **rely on[upon]** ~에 의지하다, ~을 믿다

유사 depend on[upon] ~에 의지하다

Babies entirely **rely on** their mothers.
아기들은 엄마에게 전적으로 의지한다.

 ## 서술형이 쉬워지는 숙어

---

17 **suffer from** ~으로 고생하다, ~으로 고통 받다

She is **suffering from** a bad cold.
그녀는 심한 감기로 고생하고 있다.

---

18 **take apart** 분해하다, 분리하다

I **took** the computer **apart** but couldn't fix it.
나는 컴퓨터를 분해했지만 고치지는 못했다.

---

19 **to one's surprise** 놀랍게도

To my surprise, she asked for nothing in return.
놀랍게도, 그녀는 아무런 대가를 요구하지 않았다.

---

20 **What would you do if ~?** 만약 ~이라면 어떻게[뭐] 할 거야?

What would you do if you won a lottery?
만약 네가 복권에 당첨된다면 어떻게 할 거야?

A 영어는 우리말로, 우리말은 영어로 써 봅시다.

1 call on

2 have a fever

3 manage to+동사원형

4 ~에 의지하다, ~을 믿다

5 ~을 걱정하다, 염려하다

6 일반적으로 말하면

B 보기에서 알맞은 말을 찾아 문장을 완성해 봅시다. (필요하면 어형 등을 바꾸세요.)

보기	at the top of	go through	take apart	leave out

1 We should decide what to _____.
우리는 무엇을 뺄지 결정해야 해.

2 He was always _____ the class.
그는 항상 반에서 1등이었다.

3 She is _____ a very difficult time.
그녀는 매우 힘든 시간을 겪고 있다.

4 Why did you _____ the clock? 너는 왜 그 시계를 분해했니?

C 우리말 뜻에 맞도록 빈칸에 알맞은 말을 써 봅시다.

1 He was absent _____ school yesterday.
그는 어제 학교에 결석했어요.

2 _____ my surprise, he turned out to be a thief.
놀랍게도, 그는 도둑으로 판명되었다.

3 We didn't buy anything because we were _____ of money.
우리는 돈이 부족해서 아무것도 사지 못했다.

4 She helped the poor _____ her lifetime.
그녀는 일생 동안 가난한 사람들을 도왔다.

5 He hangs _____ with his friends on weekends.
그는 주말에 친구들과 어울린다.

정답 **A** 1 방문하다 2 열이 나다 3 간신히 ~하다 4 rely on[upon] 5 be anxious about 6 generally speaking **B** 1 leave out 2 at the top of 3 going through 4 take apart **C** 1 from 2 To 3 short 4 during 5 out **D** 1 of → from 2 publicly → public 3 when → if **E** 1 This machine is out of order. 2 I made an appointment with them.

172

D **문장에서 잘못된 부분을 찾아 바르게 고쳐 봅시다.**

1 Many people suffer of stress. 많은 사람들이 스트레스로 고통 받는다.

   _____ → _____

2 I would never sing in publicly. 나는 사람들 앞에서는 절대로 노래하지 않을 거야.

   _____ → _____

3 What would you do when you could do anything?
   네가 무엇이든지 할 수 있다면 뭐 할 거야?

   _____ → _____

E **우리말 뜻에 맞도록 주어진 말을 배열해 봅시다.**

1 이 기계는 고장 났습니다.

   → _____

   (out, order, This machine, of, is)

2 나는 그들과 만날 약속을 했다.

   → _____

   (an appointment, made, I, with, them)

서술형이 쉬워지는 숙어를 이용하여 아픈 증상을 나타내 봅시다. 그림을 보고, 문장을 완성하세요. [유형 42. 아픈 증상 표현하기]

Kim   Hoyeon   Mr. and Mrs. Lee

1 Kim suffers _____ toothache.

2 Hoyeon _____ high fever.

3 Mr. and Mrs. Lee _____ knee and back pain.

정답 1 from 2 suffers from 3 suffer from
해석 1 Kim은 치통으로 고생하고 있다. 2 호연이는 높은 열로 고생하고 있다. 3 이 선생님 부부는 무릎과 허리 통증으로 고생하고 있다.

01	**appear on**	(TV 등에) 출연하다; ~에 나타나다

I wish I could **appear on** a TV show.
내가 TV 쇼에 나오면 좋을 텐데.

---

02 **be expected to+동사원형**

~하기로 되어 있다, ~으로 예상되다
I'm **expected to** attend the meeting this afternoon.
제가 오늘 오후에 그 회의에 참석하기로 되어 있어요.

---

03 **be thankful for**
유사 be grateful for
~에 대해 감사히 여기다

~에 대해 감사히 여기다
She **is thankful for** her family's support.
그녀는 그녀의 가족들의 지지에 대해 감사하고 있다.

---

04 **breathe in**
반대 breathe out 숨을 내쉬다

숨을 들이쉬다
On top of the mountain, he **breathed in** the fresh air
deeply. 산꼭대기에서 그는 신선한 공기를 깊이 들이마셨다.

---

05 **call off**

(행사 등을) 취소하다, 중지하다
The performance was **called off** because of the bad
weather. 공연은 날씨가 나빠서 취소되었다.

---

06 **fall off**

~에서 떨어지다
He **fell off** a ladder. 그는 사다리에서 떨어졌다.

---

07 **glance at**

~을 힐끗 보다
What is he **glancing at**? 그는 뭘 힐끔거리고 있는 거야?

---

08 **go by**
유사 pass by 지나가다

(옆을) 지나가다; (시간이) 지나가다
As time **went by**, I was given more exciting tasks.
시간이 지나자, 내게 더 흥미로운 일들이 주어졌다.

---

09 **have time to+동사원형**

~할 시간이 있다
I don't **have time to** wait. 기다릴 시간이 없어.

---

10 **in the hands of**

~의 수중에 있는; ~의 관리하에 있는
The matter is now **in the hands of** the teacher.
그 문제는 이제 선생님 손에 달려 있다.

> **이하** 말 그대로 '손 안에 있는' 상황을 나타낼 수도 있지만, 비유적으로 표현
> 해서 '~의 손에 달려 있는, ~의 관리하에 있는' 상황을 의미할 수도 있
> 습니다.

| ¹¹ **look ahead** | (앞일을) 내다보다 |
| | It is time to **look ahead**. 앞으로의 일을 바라보아야 할 때이다. |

¹² **may as well**	~하는 편이 낫다
	We **may as well** finish the whole thing now.
	우리는 지금 전부 다 끝내는 것이 좋겠어요.

¹³ **on the other hand** 유사 in contrast 그에 반해서	다른 한편으로는, 반면에
	On the other hand, some people are into outdoor activities.
	반면에, 어떤 사람들은 외부 활동을 아주 좋아합니다.

¹⁴ **pass out** 비교 pass away 사망하다	의식을 잃다, 기절하다
	She **passed out** when she heard the news.
	그녀는 그 소식을 듣고 기절했다.

¹⁵ **run after**	~을 뒤쫓다
	The police **ran after** the thief.
	경찰은 그 도둑을 뒤쫓았다.

¹⁶ **set out** 유사 set off 출발하다	(일에) 착수하다; 출발하다
	I'll **set out** the work at once.
	저는 즉시 그 일에 착수할 거예요.

 ## 서술형이 쉬워지는 숙어

¹⁷ **so ~ that ...**	너무 ~해서 …하다
	It was **so** dark **that** I couldn't see anything.
	너무 어두워서 나는 아무것도 볼 수 없었다.

¹⁸ **tire out**	녹초가 되게 만들다
	Taking care of children **tired** me **out**.
	아이들을 돌보는 것은 나를 녹초가 되게 만들었다.

¹⁹ **turn up** 유사 show up 나타나다	나타나다, 발견되다
	Don't worry, it'll **turn up** somewhere.
	걱정하지 마, 그거 어디선가 나타날 거야.

²⁰ **walk into**	~에 걸어 들어가다
	She **walked into** the room quietly.
	그녀는 조용히 방 안으로 걸어 들어갔다.

A 영어는 우리말로, 우리말은 영어로 써 봅시다.

1 glance at

2 run after

3 turn up

4 숨을 들이쉬다

5 다른 한편으로는, 반면에

6 (일에) 착수하다; 출발하다

B 보기에서 알맞은 말을 찾아 문장을 완성해 봅시다. (필요하면 어형 등을 바꾸세요.)

| 보기 | look ahead | call off | in the hands of | go by |

1 The result is _____ the lawyer.
결과는 변호사의 손에 달려 있다.

2 As time _____, her confidence grew.
시간이 지나면서, 그녀의 확신도 커졌다.

3 Try to _____ before you decide anything.
무엇이든 결정하기 전에 앞일을 보도록 노력하세요.

4 He will not _____ his trip.
그는 여행을 취소하지 않을 것이다.

C 우리말 뜻에 맞도록 빈칸에 알맞은 말을 써 봅시다.

1 It is _____ to be very cold this winter.
이번 겨울은 매우 추울 것으로 예상된다.

2 While in Rome, we may as _____ do some sightseeing.
로마에 있는 동안, 우리는 관광을 좀 하는 것이 좋겠어요.

3 Mike fell _____ the bicycle yesterday.
Mike가 어제 자전거에서 떨어졌어.

4 A: Do you have time _____ help me? 저 좀 도와주실 시간 있으세요?
B: Of course. What can I do for you? 물론이죠. 뭘 도와드릴까요?

정답 A 1 ~을 힐끗 보다 2 ~을 뒤쫓다 3 나타나다, 발견되다 4 breathe in 5 on the other hand 6 set out **B** 1 in the hands of 2 goes by 3 look ahead 4 call off **C** 1 expected 2 well 3 off 4 to **D** 1 away → into 2 off → on 3 than → that **E** 1 나는 내가 가진 모든 것에 대해 감사한다. 2 갑자기 소년이 의식을 잃었다. 3 하루 종일 걷는 것은 그를 녹초가 되게 만들었다.

D 문장에서 **잘못된** 부분을 찾아 바르게 고쳐 봅시다.

1 He walked away the store. 그는 상점 안으로 걸어 들어갔다.

_____ → _____

2 The first time he appeared off TV, he was nervous.
처음으로 TV에 출연했을 때 그는 긴장했다.

_____ → _____

3 It was so touching than I cried. 그것은 너무 감동적이어서 나는 울었다.

_____ → _____

E 문장의 뜻을 우리말로 바꾸어 봅시다.

1 I'm thankful for everything I have.

→ _____

2 Suddenly the boy passed out.

→ _____

3 Walking all day tired him out.

→ _____

서술형이 **쉬워지는 숙어**를 이용하여 원인과 결과에 대해 써 봅시다. 각 원인에 어울리는 결과를 찾아 연결한 후 문장을 완성하세요. [유형 43. 원인·결과 나타내기]

원인	결과
1 The quiz is very easy. ·	· I can't move it.
2 She is very rich. ·	· He can solve it.
3 This box is very heavy. ·	· She can buy the big house.

1 The quiz is _____ easy _____ he can solve it.

2 She is _____ rich _____ .

3 The box is _____ heavy _____ .

정답 1 so, that 2 so, that she can buy the big house 3 so, that I can't move it
해석 1 퀴즈는 너무 쉬워서 그가 풀 수 있다. 2 그녀는 정말 부자여서 커다란 집을 살 수가 있다. 3 상자가 너무 무거워서 나는 옮길 수가 없다.

01 all one's life

평생, 태어나서 줄곧

All my life I've lived in Seoul.

저는 태어나서 줄곧 서울에서 살았어요.

02 and so on

기타 등등

I like sweets like chocolate, cookies, **and so on**.

나는 초콜릿, 과자 등과 같은 단 것을 좋아한다.

03 attract one's attention

~의 관심을 끌다

The film **attracted everyone's attention**.

그 영화는 모두의 관심을 끌었다.

04 be amazed at[by]

~에 놀라다

I **was amazed at** the change in her attitude.

나는 그녀의 태도 변화에 놀랐다.

05 be known to

비교 be known as
~으로 알려져 있다

~에게 알려져 있다

The secret **is known to** everybody.

그 비밀은 모든 사람에게 알려져 있다.

06 be open to

~의 여지가 있다; ~에 열려 있다

I'm **open to** different ideas.

저는 다른 의견들을 받아들일 여지가 있어요.

🐱 서술형이 쉬워지는 숙어

07 be used to + 동사원형

비교 be[get] used to ~에 익숙하다
be used as ~으로 사용되다

~하는 데 사용되다

It **was used to** watch the moon and the stars.

그것은 달과 별을 관찰하는 데 사용되었다.

08 cut down on

~을 줄이다

I should **cut down on** salt. 저는 소금 섭취를 줄여야 해요.

09 day after day

유사 every day 매일

매일매일, 날마다

It has been snowing **day after day**. 날마다 눈이 오고 있었다.

10 except for

~을 제외하고는, ~ 외에

She drinks all kinds of juice, **except for** orange.

그녀는 오렌지를 제외한 모든 종류의 주스를 마신다.

11	**fight for**	~을 위해 싸우다
		It's not worth **fighting for**.
		그건 (그것을 위해) 싸울 가치가 없어요.

12	**from place to place**	이곳저곳, 이리저리
		He moved **from place to place** for years.
		그는 수년간 이리저리 옮겨다녔다.

13	**in harmony (with)**	(…와) 조화[협조]하여
		I want you to work **in harmony with** each other.
		여러분이 서로 조화롭게 일했으면 좋겠어요.

14	**in the shape of**	~의 모양으로
		Try to make the cake **in the shape of** a heart.
		케이크를 하트 모양으로 만들도록 하세요.

| 15 | **make oneself at home** | 느긋하게[편히] 쉬다 |
| | | Please **make yourself at home**. 부디 편히 계세요. |

16	**make use of** 유사 take advantage of ~을 이용하다	~을 이용[활용]하다
		Try to **make** good **use of** your time.
		너의 시간을 잘 활용하도록 해라.

| 17 | **ought to**
유사 should, have to ~해야 한다 | ~해야 한다 |
| | | You **ought to** get more exercise. 너는 운동을 더 해야 해. |

> 이해 의무를 나타내는 표현은 must, have to 외에도 다양하지만, 이 중 ought to는 특히 '(~하는 것이 바람직하므로) ~해야 한다'의 의미로 should와 가장 유사하고, 부정형은 ought not to로 나타냅니다.

18	**pay a visit to**	~를 방문하다
		If you have time, **pay a visit to** the local market.
		시간이 되시면 지역 시장을 방문해 보세요.

19	**protect A from B**	B로부터 A를 보호하다
		She wore sunglasses to **protect** her eyes **from** the sun.
		그녀는 햇빛으로부터 눈을 보호하기 위해 선글라스를 썼다.

| 20 | **take a course** | 강의를 받다 |
| | | I will **take a** Japanese **course**. 난 일본어 강의를 받을 거야. |

A 영어는 우리말로, 우리말은 영어로 써 봅시다.

1 cut down on

2 from place to place

3 take a course

4 ~의 관심을 끌다

5 기타 등등

6 ~을 제외하고는, ~ 외에

B 보기에서 알맞은 말을 찾아 문장을 완성해 봅시다. (필요하면 어형 등을 바꾸세요.)

> 보기   ought to   be amazed at   in harmony with   all one's life

1 We _____ the news.
우리는 그 소식에 놀랐다.

2 I've never heard such a story in _____.
내 평생에 그런 이야기는 들어 본 적이 없다.

3 You _____ take vitamins to improve your health.
당신은 건강을 증진시키기 위해 비타민을 먹어야 합니다.

4 I want to live _____ nature.
저는 자연과 조화를 이루며 살고 싶습니다.

C 우리말 뜻에 맞도록 빈칸에 알맞은 말을 써 봅시다.

1 I am _____ to discuss the possible options.
저는 가능한 선택권들을 논의할 여지가 있어요.

2 Let's _____ use of this opportunity.
이 기회를 이용해 봅시다.

3 Then, how can you protect yourself _____ colds?
그렇다면, 당신은 어떻게 자신을 감기로부터 지킬 수 있을까요?

4 He has a pen in the _____ a baseball bat.
그는 야구 방망이 모양의 펜을 가지고 있다.

정답 A 1 ~을 줄이다 2 이곳저곳, 이리저리 3 강의를 받다 4 attract one's attention 5 and so on 6 except for **B** 1 were amazed at 2 all my life 3 ought to 4 in harmony with C 1 open 2 make 3 from 4 shape of **D** 1 in → at 2 from → for 3 helping → help **E** 1 The truth will be known to everyone. 2 He does the same work day after day. 3 They paid a visit to their aunt.

D 문장에서 **잘못된** 부분을 찾아 바르게 고쳐 봅시다.

1 Come on in and make yourself in home. 어서 들어오셔서 편하게 계세요.

_____ → _____

2 What are they fighting from? 그들은 무엇을 위해 싸우고 있는 거죠?

_____ → _____

3 This money will be used to helping people.
이 돈은 사람들을 돕는 데 사용될 것입니다.

_____ → _____

E 우리말을 영어로 바꾸어 봅시다. (주어진 말을 이용하세요.)

1 진실은 모든 사람들에게 알려질 것이다. (everyone)

→ _____

2 그는 매일매일 같은 일을 한다. (the same work)

→ _____

3 그들은 그들의 이모를 방문했다. (their aunt)

→ _____

서술형이 쉬워지는 숙어를 이용하여 플라스틱 컵의 용도를 설명하는 글을 써 봅시다. 아래 글을 읽고 밑줄 친 부분을 바르게 고쳐 쓰세요. [유형 44. 용도 말하기]

Plastic cups can be used in many different ways. They <u>are using to</u> hold cold drinks. They can <u>be used grow</u> small plants, just like flower pots. Plastic cups also can <u>be used to collecting</u> coins. It can be your piggy bank. Can you think of any other way to use plastic cups?

1 are using to
→ _____

2 be used grow
→ _____

3 be used to collecting
→ _____

정답 1 are used to 2 be used to grow 3 be used to collect
해석 플라스틱 컵은 많은 다양한 방식으로 사용될 수 있습니다. 그것들은 찬 음료를 담는 데 사용됩니다. 그것들은 화분처럼 작은 식물들을 기르는 데 사용될 수도 있습니다. 플라스틱 컵들은 또한 동전을 모으는 데에도 사용될 수 있습니다. 당신의 돼지 저금통이 될 수도 있어요. 플라스틱 컵을 사용할 수 있는 다른 방법을 생각해 낼 수 있나요?

01 as a whole

전반적으로, 대체로
The festival was successful **as a whole**.
그 축제는 전반적으로 성공적이었다.

02 be allowed to + 동사원형

~하는 것이 허락[허용]되다
The children **are** not **allowed to** watch TV at night.
아이들이 밤에 TV를 보는 것은 허용되지 않는다.

03 blame A for B

B를 A 탓으로 돌리다, B에 대해 A를 비난하다
She **blames** him **for** what happened.
그녀는 일어난 일들에 대해 그를 비난한다.

04 by no means

결코 ~이 아닌
유사 not ~ at all 결코 ~ 아닌
Your decision is **by no means** agreeable.
당신의 결정은 결코 동의하기 힘들다.

05 cross out

줄을 그어 지우다
I **crossed out** some words. 나는 단어 몇 개를 줄을 그어 지웠다.

06 fall apart

부서지다[흩어지다]
The old table started to **fall apart**.
그 오래된 탁자는 부서지기 시작했다.

07 fill in

(빈칸 등에) 써 넣다, 기입하다
유사 fill out 기입하다
Listen to the dialog and **fill in** the blanks.
대화를 듣고 빈칸을 채우시오.

> **이하** fill in과 fill out은 둘 다 '기입하다, 작성하다'라는 의미이지만, 약간의 차이가 있습니다. fill in은 '빈칸' 등을 채울 때 주로 사용하고, fill out은 '서류' 등을 작성할 때 주로 사용합니다.

08 go beyond

~을 넘어서다, 초과하다
It **goes beyond** our expectations.
그것은 우리의 예상을 넘어선다.

09 hand down

물려주다, 후세에 전하다
비교 come down 전해 내려오다
The story will be **handed down** to the children.
그 이야기는 아이들에게 전해질 것이다.

10 in conclusion

마지막으로, 끝으로
In conclusion, I'd like to thank you all.
마지막으로, 여러분 모두에게 감사드리고 싶습니다.

11 **make believe**

~인 체하다, 가장하다

He **made believe** he didn't hear me.

그는 내 말을 못 들은 척했어요.

12 **not less than**

유사 at least 적어도
비교 not more than 기껏해야

적어도

Not less than a thousand people came to the book fair.

적어도 1,000명의 사람들이 도서 전시회에 왔다.

13 **note down**

유사 write down ~을 써 두다

~을 적어 두다

I **noted down** what we talked about.

나는 우리가 이야기한 내용을 적어 놓았어.

14 **put up**

(손 등을) 위로 들다; (건물 등을) 세우다

Put your hand **up** if you know the answer.

답을 알면 손을 드세요.

15 **save a life**

목숨을 구하다

Can scientists **save** people's **lives**?

과학자들이 사람의 생명을 구할 수 있을까?

 ## 서술형이 쉬워지는 숙어

16 **seem to+동사원형**

~인 것 같다, ~하게 보이다

She **seems to** be worried about something.

그녀가 뭔가 걱정하고 있는 것 같아.

17 **so to speak**

말하자면

They were all similar, **so to speak**.

말하자면, 그것들은 모두 비슷했다.

18 **talk A into B**

반대 talk A out of B
A가 B하지 않도록 설득하다

A가 B하도록 설득하다

They **talked** me **into** moving to Seoul.

그들은 내가 서울로 이사 오도록 설득했다.

19 **under pressure**

압박을 받는, 스트레스를 받는

I have been **under** a lot of **pressure** lately.

난 요즘 스트레스를 많이 받고 있어.

20 **wait on**

~을 기다리다; (식사) 시중을 들다

I'm **waiting on** the result of the job interview.

나는 취업 면접 결과를 기다리고 있다.

A 영어는 우리말로, 우리말은 영어로 써 봅시다.

1 hand down

2 in conclusion

3 not less than

4 목숨을 구하다

5 ~인 체하다, 가장하다

6 ~을 적어 두다

B 보기에서 알맞은 말을 찾아 문장을 완성해 봅시다. (필요하면 어형 등을 바꾸세요.)

보기	wait on	seem to	put up	so to speak

1 I'll _____ your table tonight.
제가 오늘 저녁 식사 시중을 들 거예요.

2 This dog is, _____, a member of the family.
말하자면, 이 개는 가족의 한 구성원이야.

3 What's wrong with her? She _____ be sad.
그녀에게 무슨 일 있어? 슬퍼 보여.

4 A new building was _____ last month.
지난달에 새 빌딩이 세워졌다.

C 우리말 뜻에 맞도록 빈칸에 알맞은 말을 써 봅시다.

1 I don't blame you _____ anything.
나는 어떤 것에 대해서도 너를 비난하지 않아.

2 That car is so old that it is _____ apart.
저 차는 너무 낡아서 부서지고 있다.

3 She crossed _____ the names of the students who were absent.
그녀는 결석한 학생들의 이름을 지웠다.

4 The price of new products went _____ my expectation.
새 제품들의 가격이 내 예상을 넘어섰다.

정답 **A** 1 물려주다, 후세에 전하다 2 마지막으로, 끝으로 3 적어도 4 save a life 5 make believe 6 note down **B** 1 wait on 2 so to speak 3 seems to 4 put up **C** 1 for 2 falling 3 out 4 beyond **D** 1 off → into 2 on → in 3 in → as **E** 1 반려동물들은 들어올 수 없습니다. 2 그 남자는 결코 부유하지 않다. 3 선수들은 많은 압박을 받고 있다.

D 문장에서 **잘못된** 부분을 찾아 바르게 고쳐 봅시다.

1 I talked him off donating his old clothes.
나는 그가 오래된 옷들을 기부하도록 설득했다.

_____ → _____

2 Fill on the blanks with one of the expressions.
표현들 중 하나를 골라 빈칸에 써 넣으시오.

_____ → _____

3 The new system is pretty good in a whole. 새 시스템은 전반적으로 꽤 좋다.

_____ → _____

E 문장의 뜻을 우리말로 바꾸어 봅시다.

1 Pets are not allowed to enter.

→ _____

2 The man is by no means rich.

→ _____

3 The players are under a lot of pressure.

→ _____

서술형이 **쉬워지는 숙어**를 이용하여 인물들의 감정을 추측하는 말을 해 봅시다.

그림을 보고, 문장을 완성하세요. [유형 45. 감정 추측하기]

1  2  3

1 They _____ to be excited about the vacation.

2 He _____ be happy with his new computer.

3 She _____ sad about losing her puppy.

정답 1 seem 2 seems to 3 seems to be
해석 1 그들은 방학에 대해 신난 것 같다. 2 그는 새 컴퓨터를 갖게 되어 기쁜 것 같다. 3 그녀는 강아지를 잃어버려서 슬픈 것 같다.

01 add A to B

A를 B에 더하다

If you **add** 3 **to** 5, you get 8. 3을 5에 더하면 8이 됩니다.

02 bear with

~을 참다, 참아 주다

She is under a lot of stress. Just **bear with** her.

그녀는 많은 스트레스를 받고 있어. 그냥 참아 줘.

03 before long

유사 sooner or later 머지않아

머지않아, 얼마 후

They will come back **before long**.

그들은 머지않아 돌아올 거야.

04 by nature

선천[천성]적으로; 본래

She is weak **by nature**. 그녀는 선천적으로 약하다.

05 come forward

나서다; 앞으로 나오다

Come forward when your name is called.

당신의 이름이 불리면 앞으로 나오세요.

06 for the sake of

~을 위해서

I saved money **for the sake of** my family.

나는 내 가족을 위해서 돈을 모았다.

07 go on a picnic

소풍을 가다

Let's **go on a picnic** this Sunday.

이번 주 일요일에 소풍을 가자.

서술형이 쉬워지는 숙어

08 have trouble (in) -ing

유사 have difficulty (in) -ing
~하는 데 어려움이 있다

~하는 데 어려움을 겪다

I **have trouble** sleeping at night.

저는 밤에 잠을 자는 데 어려움을 겪고 있어요.

09 in a row

연이어, 잇달아

Our team won the championship three years **in a row**.

우리 팀은 3년 연속 우승을 했다.

10 mess up

반대 clean up 청소하다

지저분하게 하다, 망쳐 놓다

Someone **messed up** my room.

누군가가 내 방을 엉망으로 해 놓았다.

11 **more ~ than ever**

여느 때보다 더 ~한

The problem of pollution has become **more** serious **than ever**.

공해 문제가 여느 때보다 더 심각해졌다.

12 **none of**

~ 중 아무(것)도 … 않다

None of the computers are working.

작동하는 컴퓨터가 아무것도 없어요.

13 **on business**

업무로, 업무상의

I need to speak with you **on business**.

업무상 당신과 할 이야기가 있어요.

> 아하 외국을 방문하게 되면 입국 심사대에서 흔히 들을 수 있는 표현입니다.
> Are you here on business or for pleasure?라고 하면 '사업상 오신 건가요, 아니면 여행이신가요?'라는 뜻이에요.

14 **or so**

대략, ~쯤

I have to wait another five minutes **or so**.

나는 대략 5분 정도를 더 기다려야 해.

15 **quit one's job**
반대 get a job 취직하다

직장을 그만두다

She **quit her job** because of stress.

그녀는 스트레스 때문에 직장을 그만두었다.

16 **step on**

~을 밟다

An elephant **stepped on** bananas.

코끼리가 바나나를 밟았다.

17 **supply A with B**
유사 provide A with B
A에게 B를 제공하다

A에게 B를 공급[제공]하다

This firm **supplies** us **with** various products.

이 회사는 우리에게 다양한 제품을 공급한다.

18 **tend to + 동사원형**

~하는 경향이 있다

She **tends to** trust people easily.

그녀는 사람들을 쉽게 믿는 경향이 있다.

19 **throw up**
유사 vomit 토하다

토하다

Riding on a ship makes me want to **throw up**.

배를 타는 것은 구토하고 싶게 해요.

20 **turn around**

돌다, 뒤돌아보다

I **turned around** and saw mom and dad.

나는 뒤돌아서 엄마와 아빠를 보았다.

A 영어는 우리말로, 우리말은 영어로 써 봅시다.

1 step on

2 supply A with B

3 in a row

4 ~을 위해서

5 머지않아, 얼마 후

6 토하다

B 보기에서 알맞은 말을 찾아 문장을 완성해 봅시다. (필요하면 어형 등을 바꾸세요.)

> 보기 **mess up**   **turn around**   **bear with**   **come forward**

1 He's still a baby. Just _____ him.
   그는 아직 아기야. 참을성을 가지고 대해줘.

2 The children _____ and waved at us.
   아이들은 뒤돌아보더니 우리에게 손을 흔들었다.

3 Her dog _____ her report.
   그녀의 개가 그녀의 보고서를 엉망으로 만들어 버렸다.

4 _____ and meet our new partner.
   앞으로 나와서 우리의 새 파트너를 만나 보세요.

C 우리말 뜻에 맞도록 빈칸에 알맞은 말을 써 봅시다.

1 To make cookies, first add water _____ flour.
   과자를 만들기 위해서는 먼저 밀가루에 물을 넣어라.

2 _____ of us speak Chinese.
   우리 중 누구도 중국어를 하지 못해요.

3 Only ten people _____ so came to her party.
   대략 열 명 정도의 사람들만 그녀의 파티에 왔다.

4 A: Are you here _____? 업무상으로 오신 건가요?
   B: Yes, I have an important meeting. 네, 중요한 회의가 있어서요.

정답 A 1 ~을 밟다 2 A에게 B를 공급[제공]하다 3 연이어, 잇달아 4 for the sake of 5 before long 6 throw up **B**
1 bear with 2 turned around 3 messed up 4 Come forward **C** 1 to 2 None 3 or 4 on business **D** 1 very →
more 2 speak → (in) speaking 3 tend → tend to **E** 1 He is quiet by nature. 2 We went on a picnic together.
3 I decided to quit my job.

D 문장에서 잘못된 부분을 찾아 바르게 고쳐 봅시다.

1 I was very pleased than ever. 저는 여느 때보다 기뻤어요.

_____ → _____

2 She has trouble speak in front of others.

그녀는 다른 사람들 앞에서 말하는 것을 어려워해요.

_____ → _____

3 People tend prefer credit cards.

사람들은 신용 카드를 선호하는 경향이 있다.

_____ → _____

E 우리말을 영어로 바꾸어 봅시다.

1 그는 선천적으로 조용하다.

→ _____

2 우리는 함께 소풍을 갔었다.

→ _____

3 나는 직장을 그만두기로 결심했다.

→ _____

서술형이 쉬워지는 숙어를 이용하여 각자의 어려움을 나타내 봅시다. 주어진 단어를 이용하여 문장을 완성하세요. [유형 46. 어려움 나타내기]

1 My eyesight is poor.

→ I have trouble _____ things without my glasses. (see)

2 Sehun has too many ideas.

→ He has _____ a decision. (make)

3 Tina has never used chopsticks.

→ She _____ food with chopsticks. (eat)

정답 1 (in) seeing **2** trouble (in) making **3** has trouble (in) eating
해석 1 내 시력은 나쁘다. → 나는 안경 없이는 사물을 보는 것이 어렵다. **2** 세훈이는 생각이 너무 많다. → 그는 결정을 내리는 것을 어려워한다. **3** Tina는 젓가락을 사용해 본 적이 없다. → 그녀는 젓가락으로 음식 먹는 것을 어려워한다.

01 all over again

비교 over and over again
몇 번이고, 반복해서

처음부터 다시, 되풀이하여

If I fail this time, I will have to do it **all over again**.
이번에 실패하면, 전 그것을 처음부터 다시 해야 할 거예요.

02 at ease

마음이 편안한

It is important to stay **at ease** when you are sick.
아플 때는 마음이 편안한 상태로 있는 것이 중요하다.

03 be harmful to

유사 be bad for ～에 좋지 않다
반대 be good for ～에 좋다

～에 해롭다

Smoking **is harmful to** everyone.
흡연은 모두에게 해롭다.

04 be located in[at]

～에 위치해 있다

Thailand **is located in** Southeast Asia.
태국은 동남아시아에 위치하고 있다.

05 be responsible for

～에 책임이 있다

I'm **responsible for** the consequences.
제가 그 결과에 책임이 있어요.

 ## 서술형이 쉬워지는 숙어

06 be supposed to
+동사원형

～하기로 되어 있다; ～해야 한다

He **is supposed to** come to the meeting.
그는 회의에 오기로 되어 있어요.

07 cut in line

비교 stand in line 줄을 서다

새치기하다

Some kids **cut in line** and I got very annoyed.
몇몇 아이들이 새치기해서 나는 짜증이 많이 났다.

08 devote oneself to

～에 헌신하다, 전념하다

He **devoted himself to** academic studies.
그는 학문 연구에 전념했다.

09 for one thing

우선 첫째로, 한 예를 든다면

For one thing, I don't have enough money.
우선 첫째로, 저는 충분한 돈이 없어요.

10 have respect for

유사 look up to ～를 존경하다

～를 존경하다, 존중하다

They **have** huge **respect for** their parents.
그들은 부모님을 매우 존경한다.

11 in cash
현금으로

[비교] by credit card 신용 카드로

Would you like to pay **in cash**?
현금으로 지불하시겠어요?

12 in vain
헛되이

He worked so hard **in vain**.
그는 정말 열심히 일했지만 허사였다.

13 keep away from
~에 가까이 하지 않다

[유사] stay away (from)
(~에서) 떨어져 있다

Keep away from the oven!
오븐에서 떨어져 있으렴!

14 no wonder (that)
~은 놀랄 일이 아니다, 당연하다

It is **no wonder** she's skinny. She rarely eats.
그녀가 마른 것은 놀랄 일이 아니다. 그녀는 거의 먹지 않는다.

15 see ~ off
~를 배웅하다

I went to the station to **see** her **off**.
나는 그녀를 배웅하기 위해 역으로 갔다.

16 stick to
~을 고수하다; ~에 충실하다

You must **stick to** your words.
자신의 말을 지켜야만 합니다.

17 take ~ for granted
~을 당연하게 여기다

We shouldn't **take** anything **for granted**.
우리는 어떤 것도 당연하게 여겨서는 안 된다.

18 the day after tomorrow
모레

I'll return this book by **the day after tomorrow**.
모레까지 이 책을 반납할게요.

19 turn over
~을 뒤집다

When the edge turns brown, **turn** it **over**.
가장자리가 갈색이 되면 뒤집으세요.

> 이해 turn over는 '뒤집다' 외에도 '(책장을) 넘기다, (일 등을) 다른 사람에게 넘기다'의 뜻도 있습니다. Turn the page over.는 페이지를 뒤집으라는 것이 아니라, 페이지를 넘기라는 의미예요.

20 what is more
게다가, 더욱이

[유사] in addition 게다가

It is cold, and **what is more**, the wind is blowing.
오늘은 춥고, 게다가 바람까지 불고 있다.

A 영어는 우리말로, 우리말은 영어로 써 봅시다.

1   what is more

2   be harmful to

3   turn over

4   새치기하다

5   우선 첫째로, 한 예를 든다면

6   헛되이

B 보기에서 알맞은 말을 찾아 문장을 완성해 봅시다.

보기   all over again   stick to   no wonder   in cash

1   _____ you are not feeling well.
네가 몸이 좋지 않은 것도 당연하지.

2   The prize of this show is 1 million won _____.
이 쇼의 상금은 현금 1백만 원입니다.

3   He tried to _____ his promise to come home early.
그는 집에 일찍 오겠다는 약속에 충실하려고 애썼다.

4   Now we have to start _____.
이제 처음부터 다시 시작해야겠군요.

C 우리말 뜻에 맞도록 빈칸에 알맞은 말을 써 봅시다.

1   She really wants to see you _____.
그녀는 당신을 꼭 배웅하고 싶어 해요.

2   He feels completely at _____ only at home.
그는 오직 집에서만 마음이 완전히 편안함을 느낀다.

3   The driver is responsible _____ the safety of the passengers.
운전기사는 승객의 안전에 대한 책임이 있다.

4   Rachel is my rival, but I _____ respect for her.
Rachel은 내 경쟁자이지만, 나는 그녀를 존경한다.

5   The Blue House is _____ in Seoul.
청와대는 서울에 위치하고 있다.

정답 **A** 1 게다가, 더욱이 2 ~에 해롭다 3 ~을 뒤집다 4 cut in line 5 for one thing 6 in vain   **B** 1 No wonder 2 in cash 3 stick to 4 all over again   **C** 1 off 2 ease 3 for 4 have 5 located   **D** 1 buying → buy 2 from → away from 3 her → herself   **E** 1 The festival begins the day after tomorrow. 2 Do not take it for granted.

D 문장에서 잘못된 부분을 찾아 바르게 고쳐 봅시다.

1 He was supposed to buying the ticket. 그가 티켓을 사기로 되어 있었다.

_____ → _____

2 I walked around to keep from the dog. 나는 개를 피하기 위해 돌아갔다.

_____ → _____

3 She devoted her to children's charity. 그녀는 아동 자선 사업에 전념했다.

_____ → _____

E 우리말 뜻에 맞도록 주어진 말을 배열해 봅시다.

1 축제는 모레 시작합니다.

→ _____

(begins, after, the day, The festival, tomorrow)

2 그것을 당연하게 여기지 마세요.

→ _____

(take, Do, not, for granted, it)

서술형이 쉬워지는 **숙어**를 이용하여 영화관 에티켓에 관해 써 봅시다. 그림을 보고, 문장을 완성하세요. [유형 47. 의무 표현하기]

1 We are not _____ to make phone calls during the movie.

2 We _____ not _____ take pictures of the movie.

3 We _____ be quiet during the movie.

정답 1 supposed 2 are, supposed to 3 are supposed to
해석 1 우리는 영화 상영 중에는 전화 통화를 하면 안 된다. 2 우리는 영화 사진을 찍어서는 안 된다. 3 우리는 영화 상영 중에는 조용히 해야 한다.

01 a spoonful of

~ 한 숟가락

Add **a spoonful of** flour. 밀가루 한 숟가락을 넣으세요.

02 at birth

태어났을 때에(는)

My baby weighed two pounds **at birth**.
우리 아기는 태어났을 때 체중이 2파운드였어요.

03 be bound for

[유사] head for ~로 향하다

~로 향하다, ~행이다

Where is the bus **bound for**? 그 버스는 어디로 갑니까?

04 be eager for
[to+동사원형]

~을 열망하다, ~을 하고 싶어 하다

I am **eager for** the prize. 나는 그 상을 꼭 타고 싶다.

05 break down

[비교] out of order 고장이 난

망가지다, 고장 나다

My computer **broke down**. 내 컴퓨터가 고장 났어.

06 by chance

[유사] by accident 우연히

우연히

I met Alice **by chance**.
나는 우연히 Alice를 만났다.

07 cause A to+동사원형

A가 ~하게 하다

Intense competition **caused** him **to** quit his job.
심각한 경쟁이 그가 직장을 그만 두게 했다.

08 face to face

얼굴을 맞대고, 마주 보고

I haven't met them **face to face**.
나는 그들을 직접 만난 적은 없다.

09 fill up (with)

(~으로) 가득 채우다[차다]

He **filled up** the bottle **with** apple juice.
그는 병을 사과 주스로 가득 채웠다.

10 have an argument
with

[유사] argue with ~와 언쟁하다

~와 논쟁하다, 언쟁하다

She **had an argument with** her mother.
그녀는 어머니와 말다툼을 했다.

11 in search of

~을 찾아서

The bears are walking **in search of** food.
곰들이 먹이를 찾아서 걷고 있다.

12 **keep ~ clean**　～을 깨끗하게 유지하다

Try to **keep** your room **clean**.
네 방 좀 깨끗하게 해 봐라.

> 이하 clean 대신에 다른 형용사를 사용해서, '～를 …하게 유지하다'라는 뜻으로 폭넓게 활용할 수 있습니다. 예를 들어, keep the windows open은 '창문을 열린 상태로 유지하라'는 뜻이 됩니다.

13 **leave behind**　～을 두고 오다[가다]

The tourists **left behind** a lot of garbage.
여행객들은 많은 쓰레기를 남기고 갔다.

14 **let alone**　～은 물론이고, ～은 커녕

They can't afford a car **let alone** a house.
그들은 집은 물론이고 차를 살 형편도 안 된다.

 ## 서술형이 쉬워지는 **숙어**

15 **make sure (that)**　반드시 ～하도록 하다; 확인하다

Did you **make sure** all the doors were closed?
문들이 모두 닫혔는지 확인했니?

16 **not ~, either**　～ 역시 아닌

She can't play the guitar. I **can't** play it, **either**.
그녀는 기타를 연주하지 못한다. 나도 역시 못한다.

17 **out of breath**　숨이 차서

We ran until we were **out of breath**.
우리는 숨이 찰 때까지 달렸다.

18 **scare away**　겁주어 쫓다

He **scared** the salesman **away**.
그는 그 판매원을 겁주어 쫓아 버렸다.

19 **take ~ home**　～를 집으로 데려가다

I'll **take** him **home**. 내가 그를 집으로 데려갈게.

20 **talk over**　～에 대해 의논하다; ～하면서 이야기하다
유사 talk about
～에 대해 이야기하다

I'll have to **talk over** the matter with my teacher.
그 일에 대해 선생님과 의논해 봐야겠습니다.

Daily Test

48th

A 영어는 우리말로, 우리말은 영어로 써 봅시다.

1 let alone

2 in search of

3 out of breath

4 A가 ~하게 하다

5 반드시 ~하도록 하다; 확인하다

6 ~을 깨끗하게 유지하다

B 보기에서 알맞은 말을 찾아 문장을 완성해 봅시다. (필요하면 어형 등을 바꾸세요.)

| 보기 | a spoonful of | break down | at birth | talk over |

1 I lifted the lid and put _____ salt into the pot.
나는 뚜껑을 들고 냄비에 소금 한 숟가락을 넣었다.

2 The puppies were parted from their mother _____.
그 강아지들은 태어나자마자 어미와 헤어졌다.

3 Why don't we _____ a cup of coffee?
커피 한 잔 마시면서 얘기하는 게 어때요?

4 There were several people in the elevator when it _____.
엘리베이터가 고장 났을 때 그 안에는 몇 명의 사람들이 타고 있었다.

C 우리말 뜻에 맞도록 빈칸에 알맞은 말을 써 봅시다.

1 The hunters scared the fox _____.
사냥꾼들은 여우를 겁 줘서 쫓아 버렸다.

2 He _____ the lost dog home.
그는 길 잃은 개를 집으로 데려갔다.

3 She is _____ to have a cat.
그녀는 고양이를 꼭 키우고 싶어 한다.

4 A: Is Peter going to the party tonight? Peter가 오늘 밤 파티에 가니?
   B: I'm not sure. But if he doesn't go, I won't go, _____.
   잘 모르겠어. 하지만 그가 가지 않는다면, 나도 안 갈 거야.

정답 A 1 ~은 물론이고, ~은 커녕 2 ~을 찾아서 3 숨이 차서 4 cause A to+동사원형 5 make sure (that) 6 keep ~ clean **B** 1 a spoonful of 2 at birth 3 talk over 4 broke down **C** 1 away 2 took 3 eager 4 either **D** 1 dropped → left 2 on → up 3 in → by **E** 1 I had an argument with my friend. 2 This ship is bound for Tokyo. 3 He talked to her face to face.

D 문장에서 <u>잘못된</u> 부분을 찾아 바르게 고쳐 봅시다.

1 I think I dropped my wallet behind. 지갑을 두고 온 것 같아요.

_____ → _____

2 The concert hall began to fill on with people in the early morning.
콘서트 홀이 이른 아침부터 사람들로 채워지기 시작했다.

_____ → _____

3 We met on the way home in chance.
우리는 집에 가는 길에 우연히 만났다.

_____ → _____

E 우리말을 영어로 바꾸어 봅시다.

1 나는 내 친구와 말다툼을 했다.

→ _____

2 이 배는 도쿄행이다.

→ _____

3 그는 그녀와 얼굴을 마주하고 이야기했다.

→ _____

서술형이 쉬워지는 숙어를 이용하여 당부하는 말을 해 봅시다. 보기에서 알맞은 말을 골라 환경을 위해 우리가 해야 할 일을 쓰세요. [유형 48. 당부하기]

보기 ~~recycle~~   turn off the lights   save water   use mugs

1 Make _____ you recycle.
2 Make _____ you _____ when you take a shower.
3 _____ you _____ when you leave the room.
4 _____ you _____ instead of paper cups.

정답 1 sure 2 sure, save water 3 Make sure, turn off the lights 4 Make sure, use mugs
해석 1 재활용하도록 하세요. 2 샤워를 할 때 물을 아끼도록 하세요. 3 방에서 나갈 때에는 불을 끄도록 하세요.
4 종이컵 대신에 머그컵을 사용하도록 하세요.

01 anything but
유사 far from 전혀 ~이 아닌

~이 결코 아닌
This car is **anything but** cheap.
이 자동차는 결코 저렴하지 않다.

02 as usual

평소와 같이
Today I got up at seven **as usual**.
오늘도 난 평소와 같이 7시에 일어났다.

03 be capable of
유사 be able to+동사원형
~할 수 있다

~할 수 있다, ~할 능력이 있다
He **is capable of** doing anything.
그는 무엇이든 할 능력이 있다.

04 be one's fault

~의 잘못이다
Sorry. It is all **my fault**. 미안해. 전부 내 잘못이야.

05 be scheduled to
+동사원형

~하기로 되어 있다, ~할 예정이다
The meeting **is scheduled to** be held at six.
회의는 6시에 열릴 예정이다.

06 build up

쌓아 올리다; 강화하다
He **builds up** his muscles by doing exercise.
그는 운동으로 근육을 키운다.

07 come to an end
유사 be over 끝나다

끝나다, 마치다
All good things must **come to an end**.
모든 좋은 일에는 끝이 있기 마련이다.

08 cooperate with

~와 협력하다
I'll **cooperate with** him on this project.
이 프로젝트에 그와 협력할게요.

09 dare to+동사원형

감히 ~하다
Tommy did not **dare to** jump in the lake.
Tommy는 감히 호수에 뛰어들지 못했다.

10 dig up

파내다, 캐내다
The explorers managed to **dig up** the treasures.
탐험가들은 간신히 보물을 캐냈다.

11 escape from

~에서 벗어나다, ~에서 탈출하다
Yoga helps me **escape from** the stress of everyday life.
요가는 제가 일상생활의 스트레스에서 벗어날 수 있게 해 주죠.

12 **insist on**

~을 주장하다, 고집하다

I **insisted on** visiting the museum.
나는 박물관에 가자고 주장했다.

> **아하** on 뒤에는 명사나 동명사가 와야 하는데, on 대신에 that절이 올 수도 있어요. 위 문장을 that절로 바꾸면 I insisted that we (should) visit the museum.이 됩니다.

13 **make coffee**

커피를 타다[끓이다]

Bob asked me to **make** some **coffee**.
Bob은 나에게 커피 좀 타 달라고 부탁했다.

 서술형이 쉬워지는 숙어

14 **nothing is+비교급+ than A**

A보다 더 ~한 것은 없다

Nothing is more important **than** family.
가족보다 더 중요한 것은 없다.

15 **point to**
비교 point out ~을 지적하다

~을 가리키다

She **pointed to** a green bag.
그녀는 녹색 가방을 가리켰다.

16 **save A for B**

B를 위해 A를 모으다

Save some money **for** your father's birthday.
아버지의 생신을 위해서 돈을 좀 모아 둬.

17 **stay away (from)**

(~에서) 떨어져 있다, (~을) 멀리하다

We should **stay away from** dark backstreets.
우리는 어두운 뒷골목을 멀리해야 해요.

18 **set the table**

상을 차리다

Can you help me **set the table**?
상 차리는 것 좀 도와줄래요?

19 **take advantage of**
유사 make use of ~을 이용하다

~을 이용하다; 기회로 활용하다

I **took** the **advantage of** sales and went shopping.
나는 세일 기간을 이용해 쇼핑하러 갔다.

20 **take over**

인수하다, 인계받다

Diane will **take over** my job after I'm gone.
제가 떠난 후에는 Diane이 제 일을 인계받을 거예요.

A 영어는 우리말로, 우리말은 영어로 써 봅시다.

1 come to an end

2 dare to+동사원형

3 take advantage of

4 파내다, 캐내다

5 B를 위해 A를 모으다

6 쌓아 올리다; 강화하다

B 보기에서 알맞은 말을 찾아 문장을 완성해 봅시다. (필요하면 어형 등을 바꾸세요.)

보기   take over   escape from   anything but   stay away from

1 Reading is a good way to _____ reality.
독서는 현실에서 벗어날 수 있게 해 주는 좋은 방법이에요.

2 I'm trying to _____ sweets like candies.
나는 사탕 같은 단 것을 멀리하려고 노력 중이다.

3 The national bank _____ the local bank last month.
국립 은행은 지난달에 지방 은행을 인수했다.

4 I don't read _____ mystery novels.
나는 추리 소설 외에는 결코 읽지 않는다.

C 우리말 뜻에 맞도록 빈칸에 알맞은 말을 써 봅시다.

1 She was busy all day as _____.
그녀는 평소와 같이 하루 종일 바빴다.

2 He _____ the table for us.
그는 우리를 위해 상을 차렸다.

3 They are all capable _____ singing that song.
그들은 모두 그 노래를 부를 수 있다.

4 _____ is more beautiful than a smile.
미소보다 더 아름다운 것은 없다.

정답 A 1 끝나다, 마치다 2 감히 ~하다 3 ~을 이용하다; 기회로 활용하다 4 dig up 5 save A for B 6 build up B 1 escape from 2 stay away from 3 took over 4 anything but C 1 usual 2 set 3 of 4 Nothing D 1 operate → cooperate 2 at → on 3 at → to E 1 Everything is my fault. 2 Can you make coffee for me? 3 She pointed to the flowers in the garden.

D 문장에서 <u>잘못된</u> 부분을 찾아 바르게 고쳐 봅시다.

1 They refused to operate with us. 그들은 우리와 협력하기를 거부했다.

_____ → _____

2 He insisted at his innocence. 그는 자신의 결백을 주장했다.

_____ → _____

3 President is scheduled at make a speech tomorrow.
내일 대통령이 연설을 하기로 되어 있다.

_____ → _____

E 우리말 뜻에 맞도록 주어진 말을 배열해 봅시다.

1 모든 게 제 잘못이에요.

→ _____

(fault, is, Everything, my)

2 저에게 커피 좀 타 주실래요?

→ _____

(coffee, you, Can, for me, make)

3 그녀는 정원에 있는 꽃들을 가리켰다.

→ _____

(the flowers, She, in the garden, to, pointed)

서술형이 쉬워지는 숙어를 이용하여 최상의 상태를 표현해 봅시다. 주어진 문장과 같은 의미가 되도록 빈칸에 알맞은 말을 쓰세요. [유형 49. 최상급 표현하기]

1 A habit is the strongest thing.

→ Nothing is _____ than a habit.

2 Having good friends is the best thing in life.

→ _____ is _____ having good friends in life.

3 I think health is the most important thing.

→ I think _____ is _____ health.

정답 1 stronger 2 Nothing, better than 3 nothing, more important than
해석 1 습관은 가장 강한 것이다. → 습관보다 더 강한 것은 없다. 2 좋은 친구들이 있다는 것은 인생에서 가장 좋은 일이다. → 좋은 친구들이 있다는 것보다 인생에서 더 좋은 일은 없다. 3 나는 건강이 가장 중요한 것이라고 생각한다. → 나는 건강보다 더 중요한 것은 없다고 생각한다.

01 a rain check

(초대 등의) 연기, 후일의 약속

I'll have to take **a rain check** on that.

저는 그것을 다음으로 미뤄야 할 것 같네요.

> 이해 이 표현은 어떤 일을 하지 못하게 되었을 때 '다음으로 미루다'라는 뜻
> 으로 사용합니다. 예전에 비가 와서 야구 경기가 취소되면 그 입장권이
> a rain check이 되어 다음 경기 때 사용할 수 있었던 데서 유래됐어요.

02 as a matter of fact

유사 in fact 사실은

사실상, 사실은

As a matter of fact, I've been there before.

사실, 저는 전에 그 곳에 가 본 적이 있어요.

03 be anxious for

유사 be eager for ~을 열망하다
비교 be anxious about
~에 대해 걱정하다

~을 갈망하다, ~하고 싶어 하다

We **are** all **anxious for** peace.

우리들은 모두 평화를 원해요.

04 be off to

~로 떠나다; ~로 도망가다

Where **are** you **off to** now? 너 지금 어디 가는 길이니?

05 be surrounded by[with]

~으로 둘러싸이다

The famous actor **is surrounded by** fans at the airport.

그 유명 배우는 공항에서 팬들에게 둘러싸였다.

06 catch up with

따라가다, 따라잡다

She **caught up with** her friends soon.

그녀는 곧 그녀의 친구들을 따라잡았다.

07 feed on

~을 먹다, 먹고 살다

Giant pandas **feed** mainly **on** bamboo.

자이언트 판다는 주로 대나무를 먹고 산다.

08 in secret

비밀리에, 남몰래

He collects old coins **in secret**.

그는 남몰래 오래된 동전들을 모은다.

 서술형이 쉬워지는 숙어

09 look forward to

~을 고대하다

We are **looking forward to** our summer vacation.

우린 정말 여름 방학을 고대하고 있어요.

10	**nothing but** 비교 anything but ~이 결코 아닌	단지 ~뿐 **Nothing but** peace can save the world. 단지 평화만이 이 세상을 구할 수 있다.
11	**pass through**	~을 (거쳐) 지나가다; 겪다 The river **passes through** the city. 그 강은 도시를 지나간다.
12	**place an order (for)** 비교 take an[one's] order 주문을 받다	(~을) 주문하다 I'd like to **place an order for** this model. 이 모델을 주문하고 싶어요.
13	**pop up**	갑자기 나타나다, 불쑥 나타나다 Nothing **pops up** in my head. 머릿속에 확 떠오르는 것은 없네요.
14	**regard A as B**	A를 B라고 여기다[생각하다] I **regard** him **as** a genius. 나는 그가 천재라고 생각한다.
15	**settle in**	(새 집, 직장 등에) 적응하다 Thank you for helping me **settle in** easily. 제가 쉽게 적응할 수 있도록 도와주셔서 감사합니다.
16	**sink into**	~에 스며들다, ~ 속으로 가라앉다 The wheels started to **sink into** the mud. 차 바퀴가 진흙 속으로 가라앉기 시작했다.
17	**take action**	행동에 옮기다, 조치를 취하다 This is the time when we should **take action**. 우리가 행동으로 보여줘야 할 때예요.
18	**take the stairs**	계단을 이용하다 For good health, you should **take the stairs**. 건강을 위해 계단을 이용하시는 게 좋아요.
19	**to make matters worse** 유사 what is worse 설상가상으로	설상가상으로 **To make matters worse**, she told them I was a liar. 설상가상으로, 그녀는 그들에게 내가 거짓말쟁이라고 말했다.
20	**with the help of**	~의 도움으로 **With the help of** the Internet, the world is becoming a global community. 인터넷의 도움으로, 세계는 하나의 공동체가 되고 있다.

A 영어는 우리말로, 우리말은 영어로 써 봅시다.

1 in secret

2 with the help of

3 place an order (for)

4 사실상, 사실은

5 행동에 옮기다, 조치를 취하다

6 ~에 스며들다, ~ 속으로 가라앉다

B 보기에서 알맞은 말을 찾아 문장이나 대화를 완성해 봅시다. (필요하면 어형 등을 바꾸세요.)

보기	a rain check	feed on	look forward to	pop up

1 The man _____ from the chair.
   남자는 의자에서 갑자기 일어났다.

2 I'm really _____ the weekend.
   나는 주말을 고대하고 있다.

3 Most plants _____ water and sunshine.
   대부분의 식물은 물과 햇빛을 먹고 삽니다.

4 A: Let's go to the movies today. 오늘 영화 보러 가자.
   B: Sorry, I'm too busy today. Can I take _____ on it?
   미안한데, 오늘은 내가 너무 바빠. 다음 기회로 미뤄도 될까?

C 우리말 뜻에 맞도록 빈칸에 알맞은 말을 써 봅시다.

1 Korea is surrounded _____ water on three sides.
   한국은 삼면이 바다로 둘러싸여 있다.

2 He is anxious _____ fame.
   그는 명성을 얻고 싶어 한다.

3 The elevator is out of order. We have to take the _____ .
   엘리베이터가 고장 났어. 우린 계단을 이용해야 해.

4 He did nothing _____ study for an exam all day.
   그는 하루 종일 오로지 시험 공부만 했다.

정답 **A** 1 비밀리에, 남몰래 2 ~의 도움으로 3 (~을) 주문하다 4 as a matter of fact 5 take action 6 sink into **B** 1 popped up 2 looking forward to 3 feed on 4 a rain check **C** 1 by[with] 2 for 3 stairs 4 but **D** 1 off → off to 2 at → in 3 passing → passing through **E** 1 우리는 이것을 심각한 문제로 여긴다. 2 설상가상으로, 비까지 오기 시작했다. 3 나중에 따라갈게요.

D 문장에서 **잘못된** 부분을 찾아 바르게 고쳐 봅시다.

1 He is off the hospital. 그는 병원으로 떠났다.

_____ → _____

2 It took a long time for me to settle at this house.
제가 이 집에 적응하기까지 오래 걸렸어요.

_____ → _____

3 They are passing a difficult time. 그들은 어려운 시기를 겪고 있는 중이다.

_____ → _____

E 문장의 뜻을 우리말로 바꾸어 봅시다.

1 We regard this as a serious matter.

→ _____

2 To make matters worse, it started to rain.

→ _____

3 I'll catch up with you later.

→ _____

서술형이 쉬워지는 숙어를 이용하여 방학 계획에 대한 기대를 나타내는 대화를 완성해 봅시다. [유형 50. 기대감 표현하기]

1 A: I heard that you are planning to go to Paris.
B: That's right. I'm looking _____ it.

2 A: Did you know that Jill is visiting us this vacation?
B: Yes. I'm _____ her visit.

3 A: What are you going to do during your vacation?
B: I'm going to go to the beach. _____ swimming in the sea.

정답 1 forward to 2 looking forward to 3 I'm looking forward to
해석 1 A: 네가 파리에 갈 계획이라고 들었어. B: 맞아. 정말 기대돼. 2 A: Jill이 이번 방학에 우리를 방문하러 오는 것 알고 있었니? B: 응. 그녀의 방문이 정말 기대돼. 3 A: 방학 동안에 뭐 할 거야? B: 해변에 갈 거야. 난 바다에서 수영하는 것이 정말 기대돼.

일일 · 누적 테스트

이 테스트 용지는 '뜯어먹는 중학 영숙어 1000'에서 학습한 숙어를
일일 테스트(앞면)와 누적 테스트(뒷면)로 구성한 것입니다.

| 사용법 |

1. 스프링에서 해당 날짜의 테스트 용지를 뜯어냅니다.
2. 반으로 잘라 아래 부분은 잘 보관해 둡니다.
3. 일일 테스트부터 시작합니다.
4. 뒤로 넘겨 누적 테스트를 계속합니다.
5. 위 둘을 채점해 보고 틀린 것들을 골라 다시 학습합니다.

| 정답 확인 방법 |

일일 테스트는 해당 날짜에 나와 있는 20개의 숙어를 참조하고,
누적 테스트는 부록에 주어진 '미니 숙어 사전'을 이용합니다.

일일 테스트 Day 1

이름   score (/ 20)

01	on one's way to	11	near here
02	play with	12	look for
03	go to	13	make a mistake
04	live in	14	talk about
05	be from	15	next to
06	sit down	16	a lot of
07	come home	17	sound like
08	in the world	18	how much / many
09	in fact	19	get up
10	a few	20	every day

일일 테스트 Day 2

이름   score (/ 20)

01	arrive at[in]	11	live with
02	not ~ at all	12	in time
03	eat breakfast / lunch	13	right now
04	do one's homework	14	be quiet
05	on foot	15	in the morning / afternoon
06	keep in touch (with)	16	look at
07	a couple of	17	go to bed
08	come to	18	take a rest
09	by bus / bicycle / subway	19	be careful
10	stay at	20	have a vacation

Day 1에는 누적 테스트가 없습니다.

✂ -

누적 테스트 **Day 2**   이름   **score (/ 20)**

01	talk about	11	a few
02	come home	12	sound like
03	near here	13	in fact
04	get up	14	be from
05	play with	15	go to
06	sit down	16	every day
07	look for	17	a lot of
08	in the world	18	live in
09	next to	19	on one's way to
10	make a mistake	20	how much / many

일일 테스트 Day **3**

이름   score (/ 20)

01	look up	11	be able to+동사원형
02	at night	12	for a week
03	come to one's mind	13	take a shower
04	go to a movie	14	on the Internet
05	do[get] exercise	15	for example
06	have a good time	16	wake up
07	join in	17	smile at
08	do one's best	18	on+요일
09	a bit	19	like -ing
10	put A on B	20	be late for

일일 테스트 Day **4**

이름   score (/ 20)

01	each other	11	know about[of]
02	ride a bike	12	run to
03	dance with	13	enjoy -ing
04	watch out (for)	14	sit on
05	after school	15	a little
06	laugh at	16	go out
07	in class	17	listen to
08	now and then	18	be born
09	try to+동사원형	19	come in[into]
10	get together	20	slow down

이름   score (/ 20)

01	talk about	11	live with
02	go to bed	12	sit down
03	in fact	13	in time
04	live in	14	right now
05	a lot of	15	be quiet
06	be careful	16	have a vacation
07	next to	17	go to
08	get up	18	take a rest
09	look at	19	in the morning/afternoon
10	every day	20	be from

이름   score (/ 20)

01	eat breakfast/lunch	11	on foot
02	be able to+동사원형	12	keep in touch (with)
03	come home	13	for example
04	look for	14	be late for
05	on one's way to	15	in the world
06	on+요일	16	do one's homework
07	like -ing	17	not ~ at all
08	on the Internet	18	take a shower
09	for a week	19	arrive at[in]
10	wake up	20	smile at

일일 테스트 Day 5

이름　　　　　　score (　　/ 20)

01	have a seat	11	come for
02	want to+동사원형	12	a cup of
03	make a plan	13	go -ing
04	put on	14	take care of
05	get on	15	fly to
06	on one's own	16	leave for
07	long ago	17	be proud of
08	be ready for	18	at first
09	many of (the)	19	after lunch / dinner
10	in trouble	20	help A with B

일일 테스트 Day 6

이름　　　　　　score (　　/ 20)

01	at the moment	11	go straight
02	for fun	12	do[wash] the dishes
03	be happy with	13	make a friend
04	how long	14	cook A for B
05	eat out	15	thanks to
06	because of	16	calm down
07	keep up	17	look around
08	start with	18	go after
09	on the top	19	stand up
10	forget to+동사원형	20	last month / week / year

01	come to one's mind	11	dance with
02	in class	12	join in
03	do one's best	13	watch out (for)
04	now and then	14	get together
05	after school	15	a few
06	put A on B	16	make a mistake
07	try to+동사원형	17	a bit
08	have a good time	18	look up
09	ride a bike	19	laugh at
10	at night	20	each other

✂ -

01	after lunch/dinner	11	listen to
02	slow down	12	leave for
03	be born	13	at first
04	take care of	14	enjoy -ing
05	a little	15	a cup of
06	come in[into]	16	sound like
07	fly to	17	long ago
08	go out	18	go -ing
09	run to	19	come for
10	a couple of	20	help A with B

일일 테스트 Day 7

01	all the time	11	miss a class
02	get out of	12	introduce oneself
03	day and night	13	have a game
04	at once	14	think of[about]
05	turn on	15	have a problem with
06	come back	16	see a doctor
07	go for a walk	17	one ~, the other ...
08	speak to	18	be sorry about
09	give A to B	19	take a bus / taxi
10	jump into	20	hold on

일일 테스트 Day 8

01	give ~ a hand	11	from now on
02	begin with	12	stay (at) home
03	dress like	13	tell A about B
04	find out	14	a piece of
05	get married	15	catch a cold
06	at last	16	introduce A to B
07	how often	17	one by one
08	a day / week / month	18	solve a problem
09	instead of	19	brush one's teeth
10	take a break	20	close one's eyes

01	on the top	11	at the moment
02	near here	12	eat out
03	be proud of	13	keep up
04	on one's own	14	want to+동사원형
05	have a seat	15	in trouble
06	forget to+동사원형	16	stay at
07	make a plan	17	how long
08	for fun	18	start with
09	be ready for	19	because of
10	be happy with	20	do[get] exercise

01	go for a walk	11	look around
02	make a friend	12	give A to B
03	day and night	13	all the time
04	cook A for B	14	do[wash] the dishes
05	get out of	15	come to
06	at once	16	speak to
07	sit on	17	come back
08	turn on	18	thanks to
09	go straight	19	jump into
10	know about[of]	20	calm down

일일 테스트 Day 9

01	would like to+동사원형	11	feel at home
02	take a trip	12	do anything
03	pay for	13	on time
04	cross the street	14	on and on
05	be full	15	act like
06	take an[one's] order	16	grow up
07	many kinds of	17	get a job
08	invite A to B	18	be kind to
09	for oneself	19	have a party
10	come over	20	all right

일일 테스트 Day 10

01	live without	11	in general
02	plan to+동사원형	12	take a bath
03	be angry at[with]	13	most of
04	keep -ing	14	talk to
05	learn about	15	after college
06	these days	16	with joy
07	be going to+동사원형	17	for a while
08	make money	18	above all
09	have fun	19	be busy with
10	on weekends	20	work at

01	brush one's teeth	11	catch a cold
02	put on	12	solve a problem
03	introduce A to B	13	from now on
04	hold on	14	introduce oneself
05	close one's eyes	15	tell A about B
06	play with	16	be sorry about
07	miss a class	17	get on
08	one ~, the other ...	18	one by one
09	see a doctor	19	stay (at) home
10	a piece of	20	think of[about]

01	cross the street	11	get married
02	for oneself	12	how often
03	take a trip	13	give ~ a hand
04	be full	14	come over
05	pay for	15	find out
06	at last	16	go after
07	invite A to B	17	take an[one's] order
08	would like to+동사원형	18	many kinds of
09	last month / week / year	19	dress like
10	many of (the)	20	take a break

01	give up	11	by the time
02	for some time	12	half of
03	go across	13	in the past
04	pick up	14	take a picture (of)
05	be excited about	15	doubt about[of]
06	have an idea for	16	try -ing
07	take off	17	again and again
08	pour ~ into	18	all day (long)
09	a lot	19	be interested in
10	of course	20	(a) part of

--✂--------------

01	by the way	11	take it easy
02	be worth -ing	12	come along
03	there is[are] ~	13	talk with
04	get along with	14	go to work
05	see a movie	15	in front of
06	on ~ floor	16	write a letter (to)
07	in the future	17	fly away
08	as soon as	18	read about
09	on the phone	19	at the end of
10	have been to	20	for good

이름   score (/ 20)

01	after college	11	feel at home
02	above all	12	on and on
03	be busy with	13	for a while
04	have a problem with	14	work at
05	in general	15	with joy
06	be kind to	16	take a bath
07	get a job	17	take a bus/taxi
08	grow up	18	have a party
09	most of	19	stand up
10	all right	20	talk to

✂

이름   score (/ 20)

01	be angry at[with]	11	have fun
02	a lot	12	pick up
03	be excited about	13	take off
04	want to+동사원형	14	give up
05	of course	15	these days
06	pour ~ into	16	have an idea for
07	plan to+동사원형	17	make money
08	begin with	18	go across
09	for some time	19	instead of
10	on weekends	20	be going to+동사원형

일일 테스트 Day 13

이름   score (/ 20)

01	around the world	11	wait for
02	make sense	12	run away
03	work with	13	be popular with
04	on the left / right	14	turn off
05	keep a diary	15	get sick
06	a pair of	16	just like
07	send A to B	17	right away
08	buy A for B	18	hear from
09	how to + 동사원형	19	turn left / right
10	in a minute	20	give ~ a call

일일 테스트 Day 14

이름   score (/ 20)

01	say hello to	11	mix A and B
02	take part in	12	no longer
03	just a second	13	in turn(s)
04	by accident	14	call A B
05	one day	15	go on
06	change A into B	16	ahead of
07	one more time	17	sit behind
08	be honest with	18	at any time
09	leave a message	19	tell a story
10	both A and B	20	get angry

01	as soon as	11	on time
02	on ~ floor	12	keep -ing
03	on the phone	13	in the past
04	half of	14	again and again
05	on+요일	15	in the future
06	by the time	16	get along with
07	try -ing	17	by the way
08	doubt about[of]	18	take a picture (of)
09	see a movie	19	there is[are] ~
10	be worth -ing	20	have been to

✂--

01	on the left / right	11	at the end of
02	in a minute	12	send A to B
03	around the world	13	keep a diary
04	for good	14	talk with
05	buy A for B	15	take it easy
06	how much / many	16	a pair of
07	make sense	17	go to work
08	in front of	18	work with
09	how to+동사원형	19	by bus / bicycle / subway
10	enjoy -ing	20	come along

일일 테스트 Day **15**

이름   score (/ 20)

01	pray for	11	stay up
02	get a grade	12	do ~ a favor
03	make (a) noise	13	be familiar with
04	expect A to+동사원형	14	practice -ing
05	have a nickname	15	cut down
06	What[How] about ~?	16	a long time ago
07	the next day	17	first of all
08	feel down	18	in a hurry
09	be about to+동사원형	19	go well
10	have a cold	20	keep (~) in mind

일일 테스트 Day **16**

이름   score (/ 20)

01	be ready to+동사원형	11	care about
02	hold back	12	shake hands with
03	ask ~ a favor	13	either A or B
04	be afraid of	14	do the right thing
05	in the end	15	catch the train / bus
06	the rest of	16	hurry up
07	look after	17	hope to+동사원형
08	get back	18	best of all
09	go down	19	stop -ing
10	make up a story	20	fail to+동사원형

01	be interested in	11	how long
02	just like	12	both A and B
03	run away	13	be honest with
04	one more time	14	take part in
05	get sick	15	turn off
06	say hello to	16	be popular with
07	just a second	17	turn left / right
08	leave a message	18	wait for
09	all day (long)	19	change A into B
10	by accident	20	one day

01	a long time ago	11	first of all
02	tell a story	12	do ~ a favor
03	go well	13	at any time
04	write a letter (to)	14	be familiar with
05	ahead of	15	one ~, the other ...
06	hear from	16	keep (~) in mind
07	in turn(s)	17	sit behind
08	no longer	18	stay up
09	in a hurry	19	get angry
10	cut down	20	practice -ing

01	check in	11	plenty of
02	at a time	12	look good on
03	be satisfied with	13	run across
04	talk to oneself	14	go[be] on a diet
05	get better	15	according to
06	be moved by	16	write down
07	decide to+동사원형	17	more and more
08	in order to+동사원형	18	how nice
09	study for an exam	19	show A to B
10	be crowded with	20	fill out

✂

01	be made of	11	pass a test
02	for a long time	12	clean up
03	have to+동사원형	13	jump out of
04	fall in love (with)	14	take a walk
05	leave home	15	not only A but (also) B
06	go for lunch	16	look like
07	between A and B	17	make a difference
08	most of all	18	stay out
09	as much as	19	go back to
10	thousands of	20	need A for B

이름

score (**/ 20)**

01	fail to+동사원형	11	expect A to+동사원형
02	the next day	12	get a grade
03	What[How] about ~?	13	care about
04	have a cold	14	make (a) noise
05	stop -ing	15	hurry up
06	do the right thing	16	go on
07	hope to+동사원형	17	best of all
08	shake hands with	18	pray for
09	how often	19	catch the train / bus
10	either A or B	20	be about to+동사원형

✂ -

이름

score (**/ 20)**

01	plenty of	11	more and more
02	look good on	12	get back
03	according to	13	the rest of
04	be afraid of	14	go down
05	look after	15	right away
06	in the end	16	show A to B
07	write down	17	how nice
08	go[be] on a diet	18	run across
09	fill out	19	there is[are] ~
10	be ready to+동사원형	20	would like to+동사원형

01	take out	11	fight with
02	few of	12	get A from B
03	travel to	13	major in
04	be famous for	14	sooner or later
05	read A to B	15	as ~ as possible
06	step by step	16	bring A to B
07	in no time	17	until today / now
08	on the plane	18	all over the world
09	a kind of	19	be full of
10	try on	20	work for

01	turn out	11	be good at
02	far away (from)	12	be disappointed at[with]
03	get old	13	win the race / game / contest
04	result in	14	warm up
05	look out	15	at times
06	in need	16	make A+동사원형
07	change one's mind	17	continue to+동사원형
08	have an exam	18	be different from
09	from A to B	19	gain weight
10	send out	20	a piece of cake

이름   score (/ 20)

01	get better	11	stay out
02	need A for B	12	at a time
03	talk to oneself	13	take a walk
04	pass a test	14	most of all
05	jump out of	15	give ~ a call
06	make a difference	16	be crowded with
07	check in	17	be satisfied with
08	look like	18	be going to+동사원형
09	ask ~ a favor	19	not only A but (also) B
10	clean up	20	in order to+동사원형

✂ -

이름   score (/ 20)

01	thousands of	11	as much as
02	few of	12	take out
03	be famous for	13	read A to B
04	how to+동사원형	14	try on
05	study for an exam	15	step by step
06	a kind of	16	go for lunch
07	in no time	17	between A and B
08	travel to	18	go back to
09	for a long time	19	decide to+동사원형
10	have to+동사원형	20	on the plane

01	be surprised at[by]	11	one another
02	let me+동사원형	12	think over
03	on sale	13	at the age of
04	here and there	14	check out
05	in those days	15	forget about
06	a set of	16	until late
07	not (~) always	17	pull out
08	in many ways	18	head for
09	get a call	19	be tired of
10	be known as	20	along with

01	Why don't you ~?	11	do ~ harm
02	come out of	12	travel around
03	after a while	13	pass by
04	take a message	14	call out
05	not A but B	15	make A for B
06	concentrate on	16	start to+동사원형
07	for the first time	17	end up
08	hang up	18	in danger (of)
09	for sure	19	in an accident
10	be[get] lost	20	be pleased to+동사원형

누적 테스트 **Day 21**   이름   score (/ 20)

01	turn out	11	have an exam
02	major in	12	sooner or later
03	change one's mind	13	work for
04	all over the world	14	far away (from)
05	go to a movie	15	result in
06	from A to B	16	be interested in
07	get old	17	look out
08	call A B	18	in need
09	send out	19	fight with
10	be full of	20	as ~ as possible

누적 테스트 **Day 22**   이름   score (/ 20)

01	at times	11	think over
02	be good at	12	continue to+동사원형
03	be made of	13	both A and B
04	head for	14	be disappointed at[with]
05	be different from	15	at the age of
06	until late	16	check out
07	be tired of	17	along with
08	one another	18	warm up
09	gain weight	19	pull out
10	forget about	20	until today / now

228

01	ask for	11	take up
02	stand for	12	go away
03	break one's leg	13	A as well as B
04	come across	14	for a minute[moment]
05	mind -ing	15	be filled with
06	turn A into B	16	in the middle of
07	make a decision	17	keep A from B
08	take notes	18	be sorry (that)
09	have no idea	19	be[get] hurt
10	in addition	20	stop by

✂

01	far from	11	catch an opportunity
02	in the beginning	12	do an experiment
03	without question	13	treat A as B
04	put away	14	complain about[of]
05	out of sight	15	walk away
06	upside down	16	in other words
07	take one's time	17	have a chance to+동사원형
08	be held	18	much more
09	at least	19	used to+동사원형
10	be made up of	20	get off

누적 테스트 Day 23

이름   score (/ 20)

01	be[get] lost	11	a piece of cake
02	on sale	12	take a message
03	let me+동사원형	13	in those days
04	after a while	14	be known as
05	for sure	15	hang up
06	feel down	16	concentrate on
07	not A but B	17	come out of
08	Why don't you ~?	18	here and there
09	be surprised at[by]	19	for the first time
10	make A+동사원형	20	a set of

✂ -

누적 테스트 Day 24

이름   score (/ 20)

01	call out	11	have no idea
02	stand for	12	in addition
03	take notes	13	break one's leg
04	be pleased to+동사원형	14	start to+동사원형
05	mind -ing	15	pass by
06	in an accident	16	in many ways
07	not (~) always	17	come across
08	travel around	18	make a decision
09	hope to+동사원형	19	do ~ harm
10	ask for	20	turn A into B

01	work out	11	shout to
02	a variety of	12	all of
03	pay back	13	for free
04	be good for	14	in control (of)
05	out of date	15	depend on[upon]
06	cannot afford to+동사원형	16	to be honest
07	fall down	17	check over
08	bring about	18	believe in
09	the other day	19	not (~) all
10	more than	20	as ~ as ...

01	a crowd of	11	depart for
02	in half	12	be built for
03	show up	13	hate to+동사원형
04	use up	14	one after another
05	happen to	15	Thank you for ~
06	go up	16	at that time
07	come down	17	break out
08	make up	18	look up to
09	in a second	19	go wrong
10	carry A to B	20	feel like -ing

01	be held	11	without question
02	A as well as B	12	What[How] about ~?
03	be filled with	13	in the middle of
04	be made up of	14	in the beginning
05	stop by	15	go away
06	put away	16	at least
07	take up	17	be satisfied with
08	take one's time	18	out of sight
09	far from	19	for a minute[moment]
10	upside down	20	bring A to B

01	more than	11	do an experiment
02	used to+동사원형	12	be good for
03	work out	13	in other words
04	cannot afford to+동사원형	14	much more
05	catch an opportunity	15	get off
06	a variety of	16	complain about[of]
07	out of date	17	the other day
08	be worth -ing	18	end up
09	fall down	19	in danger (of)
10	bring about	20	pay back

일일 테스트 Day **27**

01	have a headache	11	result from
02	in the same way	12	have a dream
03	prefer to+동사원형	13	wrap up
04	be sold out	14	graduate from
05	such as	15	be fond of
06	turn down	16	around the corner
07	pull up	17	look+형용사
08	up to	18	contribute to
09	keep one's word	19	in return (for)
10	take place	20	many times

- ✂ - - - - - - -

일일 테스트 Day **28**

01	millions of	11	shake one's head
02	account for	12	react to
03	agree with	13	from time to time
04	on earth	14	discuss A with B
05	hear of[about]	15	miss the bus
06	go abroad	16	by mistake
07	cannot help -ing	17	run out of
08	take after	18	move to
09	drop by[in]	19	have ~ in common
10	a number of	20	prepare for

이름   score (/ 20)

01	be famous for	11	in half
02	go up	12	all of
03	as ~ as ...	13	use up
04	have to+동사원형	14	depend on[upon]
05	a crowd of	15	make up
06	in control (of)	16	shout to
07	fall in love (with)	17	happen to
08	come down	18	for free
09	carry A to B	19	to be honest
10	show up	20	in a second

✂ -

누적 테스트 **Day 28**   이름   score (/ 20)

01	depart for	11	at that time
02	pull up	12	break out
03	one after another	13	look up to
04	go wrong	14	up to
05	in the same way	15	keep A from B
06	have a chance to+동사원형	16	Thank you for ~
07	be sold out	17	be sorry (that)
08	such as	18	keep one's word
09	prefer to+동사원형	19	take place
10	have a headache	20	turn down

01	have an interest in	11	more importantly
02	work as	12	long for
03	put out	13	call for
04	on the air	14	tell a lie
05	be special to	15	be important for
06	get+형용사의 비교급	16	depart from
07	in favor of	17	part with
08	take a look at	18	as a result
09	begin to+동사원형	19	surf the Internet
10	Have you ever+과거분사 ~?	20	make a (phone) call

01	be in good shape	11	from a distance
02	lose weight	12	be worried about
03	do well	13	apply for
04	not ~ anymore	14	turn to
05	want A to+동사원형	15	in spite of
06	get over	16	be named after
07	think back	17	cheer up
08	retire from	18	put up with
09	die of	19	focus on
10	enjoy oneself	20	at the same time

누적 테스트 Day **29**

01	on earth	11	drop by[in]
02	believe in	12	around the corner
03	go abroad	13	be fond of
04	contribute to	14	be good at
05	look+형용사	15	let me+동사원형
06	a number of	16	hear of[about]
07	in return (for)	17	result from
08	agree with	18	millions of
09	many times	19	account for
10	take after	20	cannot help -ing

누적 테스트 Day **30**

01	shake one's head	11	by mistake
02	run out of	12	tell a lie
03	Why don't you ~?	13	react to
04	prepare for	14	part with
05	long for	15	move to
06	make a (phone) call	16	treat A as B
07	from time to time	17	more importantly
08	surf the Internet	18	not (~) all
09	depart from	19	as a result
10	call for	20	be important for

01	in case of	11	go to college
02	point out	12	by oneself
03	tell apart	13	take medicine
04	get around	14	be used as
05	feel free to	15	It's too bad (that) ~
06	break into pieces	16	allow A to+동사원형
07	a symbol of	17	would like A to+동사원형
08	stare at	18	cry out
09	make[earn] a living	19	take ~ on a trip
10	give ~ an opportunity	20	around the clock

✂

일일 테스트 **Day 32** 이름   **score (/ 20)**

01	due to	11	amount to
02	consist of	12	participate in
03	have an accident	13	as[so] long as
04	agree to+동사원형	14	give away
05	go off	15	without (a) doubt
06	in person	16	be curious about
07	be crazy about	17	be willing to+동사원형
08	throw away	18	so far
09	prefer A to B	19	hang on
10	back up	20	in exchange for

01	be[get] hurt	11	in spite of
02	feel like -ing	12	get a call
03	in favor of	13	be worried about
04	turn to	14	cheer up
05	from a distance	15	be special to
06	put up with	16	at the same time
07	focus on	17	on the air
08	put out	18	work as
09	apply for	19	be named after
10	Have you ever+과거분사 ~?	20	take a look at

01	not ~ anymore	11	die of
02	do well	12	break into pieces
03	make[earn] a living	13	retire from
04	give ~ an opportunity	14	think back
05	in case of	15	stare at
06	get around	16	get over
07	graduate from	17	feel free to
08	hate to+동사원형	18	point out
09	a symbol of	19	used to+동사원형
10	want A to+동사원형	20	tell apart

01	too ~ to+동사원형	11	dress up
02	make up for	12	be bored with
03	back and forth	13	for instance
04	would rather+동사원형 (than ...)	14	take back
05	have an appointment	15	express A to B
06	be divided into	16	on page ~
07	in silence	17	at[in] the center of
08	stand up for	18	fall asleep
09	side by side	19	cover up
10	line up	20	lend A to B

01	help oneself to	11	throw A at B
02	boot up	12	look down on
03	in sight	13	make an effort
04	with all one's heart	14	had better+동사원형
05	carry out	15	give in (to)
06	compare A with B	16	be bad for
07	lose the game	17	advise A to+동사원형
08	once upon a time	18	succeed in
09	bring up	19	stand in line
10	fall ill[sick]	20	set off

01	take medicine	11	go to college
02	allow A to+동사원형	12	be used as
03	without (a) doubt	13	give away
04	be willing to+동사원형	14	hang on
05	in exchange for	15	cry out
06	be curious about	16	as ~ as ...
07	discuss A with B	17	participate in
08	so far	18	amount to
09	have ~ in common	19	by oneself
10	as[so] long as	20	It's too bad (that) ~

✂

01	throw away	11	miss the bus
02	due to	12	in person
03	express A to B	13	for instance
04	be bored with	14	agree to+동사원형
05	at[in] the center of	15	back up
06	fall asleep	16	prefer to+동사원형
07	consist of	17	go off
08	be sorry (that)	18	dress up
09	on page ~	19	take back
10	cover up	20	prefer A to B

01	as for	11	narrow down
02	in particular	12	cannot ~ enough
03	be likely to+동사원형	13	spend+시간+-ing
04	aim at	14	over and over again
05	pay attention to	15	under construction
06	get a seat	16	make a reservation
07	be aware of	17	come up with
08	show off	18	get rid of
09	do volunteer work	19	after all
10	think ahead	20	be close to

일일 테스트 **Day 36**

이름

score (/ 20)

01	appeal to	11	ever since
02	for sale	12	deal with
03	be lucky to+동사원형	13	try out
04	vote for/against	14	be over
05	get through	15	be useful for
06	as opposed to	16	excuse A for B
07	walk along	17	make it
08	give birth to	18	hand in
09	free A from B	19	go over
10	point of view	20	in one's opinion

01	with all one's heart	11	get+형용사의 비교급
02	compare A with B	12	bring up
03	fall ill[sick]	13	lose the game
04	boot up	14	had better+동사원형
05	line up	15	in silence
06	back and forth	16	stand up for
07	help oneself to	17	in sight
08	once upon a time	18	Thank you for ~
09	side by side	19	be divided into
10	would rather+동사원형 (than ...)	20	carry out

01	Have you ever+과거분사 ~?	11	do volunteer work
02	get a seat	12	make an effort
03	aim at	13	think ahead
04	pay attention to	14	stand in line
05	succeed in	15	set off
06	be in good shape	16	in particular
07	as for	17	look down on
08	show off	18	be likely to+동사원형
09	agree with	19	throw A at B
10	be aware of	20	be bad for

일일 테스트 **Day 37**

이름　　　　　　　score (　　 / **20**)

01	forgive A for B	11	dream of[about]
02	end in	12	have (~) in mind
03	keep one's fingers crossed	13	look away
04	be similar to	14	wash away
05	up to date	15	must be
06	in advance	16	with a sigh
07	put off	17	at hand
08	tell A from B	18	pass away
09	count on	19	set up
10	be made from	20	be related to

일일 테스트 **Day 38**

이름　　　　　　　score (　　 / **20**)

01	be surprised to+동사원형	11	keep down
02	say goodbye to	12	hold together
03	do without	13	be due to+동사원형
04	win a medal	14	dry up
05	fall on	15	make up one's mind
06	run into	16	come true
07	be[get] used to	17	matter to
08	carry away	18	be based on
09	wish ~ good luck	19	associate with
10	at the heart of	20	apologize for

이름   score (/ 20)

01	try out	11	ever since
02	go over	12	after all
03	in one's opinion	13	hand in
04	spend+시간+-ing	14	come up with
05	deal with	15	be worried about
06	begin to+동사원형	16	have an interest in
07	be over	17	excuse A for B
08	be close to	18	make it
09	make a reservation	19	get rid of
10	be useful for	20	cannot ~ enough

✂- -

이름   score (/ 20)

01	get through	11	wash away
02	for sale	12	look away
03	point of view	13	lose weight
04	at hand	14	with a sigh
05	be curious about	15	pass away
06	be lucky to+동사원형	16	as opposed to
07	be related to	17	appeal to
08	dream of[about]	18	vote for / against
09	too ~ to+동사원형	19	must be
10	have (~) in mind	20	set up

01	ask around	11	learn by heart
02	all of a sudden	12	whether ~ or not
03	run for	13	lead A to B
04	to tell the truth	14	prior to
05	cheat on	15	feel[be] sorry for
06	give it a try	16	make fun of
07	the last few days	17	have to do with
08	be replaced by	18	be concerned about
09	on the road	19	set free
10	I wonder if ~	20	on purpose

- ✂ - - - -

01	check on	11	be out
02	pay off	12	wear out
03	neither A nor B	13	carry on
04	live through	14	belong to
05	grow out of	15	should have+과거분사
06	get away from	16	fall behind
07	make[give, deliver] a speech	17	in a way
08	the majority of	18	argue with
09	quite a few	19	in comparison with[to]
10	be ashamed of	20	for nothing

01	tell A from B	11	fall on
02	be surprised to+동사원형	12	carry away
03	be[get] used to	13	make up for
04	advise A to+동사원형	14	would like A to+동사원형
05	in advance	15	say goodbye to
06	count on	16	put off
07	at the heart of	17	be similar to
08	win a medal	18	keep one's fingers crossed
09	be made from	19	do without
10	run into	20	wish ~ good luck

✂--

01	make up one's mind	11	come true
02	all of a sudden	12	keep down
03	be replaced by	13	dry up
04	over and over again	14	run for
05	give it a try	15	cheat on
06	would rather+동사원형 (than ...)	16	the last few days
07	on the road	17	matter to
08	be due to+동사원형	18	ask around
09	I wonder if ~	19	to tell the truth
10	have an appointment	20	hold together

01	in reality	11	even though
02	as to	12	be out of luck
03	at any cost	13	for a change
04	be sure (that)	14	volunteer for
05	cut out	15	be into
06	abound in	16	less than
07	turn in	17	on the market
08	be considered to+동사원형	18	run down
09	have an impact on	19	in contrast
10	charge up	20	provide A with B

✂

01	manage to+동사원형	11	rely on[upon]
02	generally speaking	12	be short of
03	be anxious about	13	at the top of
04	go through	14	leave out
05	have a fever	15	out of order
06	in public	16	to one's surprise
07	make an appointment with	17	be absent from
08	take apart	18	call on
09	suffer from	19	What would you do if ~?
10	during one's lifetime	20	hang out with

누적 테스트 Day 41

이름   score (/ 20)

01	had better+동사원형	11	argue with
02	belong to	12	give birth to
03	carry on	13	be out
04	feel[be] sorry for	14	for nothing
05	in a way	15	prior to
06	fall behind	16	in comparison with[to]
07	whether ~ or not	17	on purpose
08	have to do with	18	be concerned about
09	wear out	19	should have+과거분사
10	set free	20	walk along

✂ -

누적 테스트 Day 42

이름   score (/ 20)

01	on the market	11	run down
02	grow out of	12	in contrast
03	provide A with B	13	even though
04	pay off	14	up to date
05	live through	15	be likely to+동사원형
06	end in	16	be out of luck
07	be ashamed of	17	check on
08	less than	18	volunteer for
09	the majority of	19	for a change
10	neither A nor B	20	be into

일일 테스트 Day 43

01	may as well	11	go by
02	appear on	12	run after
03	pass out	13	glance at
04	so ~ that ...	14	in the hands of
05	look ahead	15	be thankful for
06	be expected to+동사원형	16	walk into
07	set out	17	have time to+동사원형
08	turn up	18	tire out
09	on the other hand	19	call off
10	breathe in	20	fall off

일일 테스트 Day 44

01	ought to	11	be known to
02	pay a visit to	12	attract one's attention
03	except for	13	all one's life
04	in the shape of	14	in harmony (with)
05	be amazed at[by]	15	from place to place
06	be used to+동사원형	16	cut down on
07	make use of	17	make oneself at home
08	fight for	18	day after day
09	take a course	19	and so on
10	be open to	20	protect A from B

이름   **score (** / **20)**

01	be considered to+동사원형	11	in reality
02	be short of	12	charge up
03	be sure (that)	13	as to
04	at any cost	14	abound in
05	call on	15	to one's surprise
06	associate with	16	out of order
07	apologize for	17	rely on[upon]
08	leave out	18	wrap up
09	hang out with	19	be absent from
10	What would you do if ~?	20	at the top of

✂- -

누적 테스트 **Day 44**   이름   **score (** / **20)**

01	have an impact on	11	suffer from
02	be anxious about	12	turn up
03	on the other hand	13	be expected to+동사원형
04	look ahead	14	in public
05	take apart	15	appear on
06	so ~ that ...	16	have a fever
07	breathe in	17	pass out
08	may as well	18	set out
09	during one's lifetime	19	quite a few
10	go through	20	in one's opinion

01	under pressure	11	go beyond
02	put up	12	fill in
03	as a whole	13	make believe
04	save a life	14	note down
05	not less than	15	blame A for B
06	be allowed to+동사원형	16	by no means
07	wait on	17	hand down
08	fall apart	18	in conclusion
09	so to speak	19	cross out
10	talk A into B	20	seem to+동사원형

✂

일일 테스트 **Day 46**   이름   score (/ 20)

01	add A to B	11	for the sake of
02	on business	12	none of
03	in a row	13	throw up
04	supply A with B	14	go on a picnic
05	quit one's job	15	tend to+동사원형
06	before long	16	or so
07	mess up	17	by nature
08	turn around	18	more ~ than ever
09	step on	19	come forward
10	have trouble (in) -ing	20	bear with

01	in harmony (with)	11	be used to+동사원형
02	attract one's attention	12	call off
03	tire out	13	be known to
04	and so on	14	must be
05	have time to+동사원형	15	protect A from B
06	glance at	16	from place to place
07	be surprised to+동사원형	17	all one's life
08	day after day	18	walk into
09	run after	19	make use of
10	make oneself at home	20	go by

01	hand down	11	cut down on
02	make believe	12	in conclusion
03	pay a visit to	13	generally speaking
04	be open to	14	fight for
05	by no means	15	blame A for B
06	note down	16	go beyond
07	ought to	17	be amazed at[by]
08	cross out	18	turn in
09	fill in	19	except for
10	seem to+동사원형	20	I wonder if ~

01	be supposed to+동사원형	11	stick to
02	no wonder (that)	12	cut in line
03	at ease	13	in cash
04	what is more	14	take ~ for granted
05	be harmful to	15	keep away from
06	in vain	16	turn over
07	be responsible for	17	devote oneself to
08	for one thing	18	all over again
09	see ~ off	19	have respect for
10	be located in[at]	20	the day after tomorrow

일일 테스트 **Day 48**　　이름　　　　　　**score (　/ 20)**

01	not ~, either	11	out of breath
02	take ~ home	12	fill up (with)
03	a spoonful of	13	be eager for[to+동사원형]
04	at birth	14	by chance
05	talk over	15	leave ~ behind
06	be bound for	16	in search of
07	make sure (that)	17	cause A to+동사원형
08	scare away	18	keep ~ clean
09	face to face	19	break down
10	let alone	20	have an argument with

01	so to speak	11	wait on
02	should have +과거분사	12	on business
03	mess up	13	in a row
04	supply A with B	14	be allowed to+동사원형
05	not less than	15	before long
06	talk A into B	16	under pressure
07	have trouble (in) -ing	17	manage to+동사원형
08	add A to B	18	step on
09	turn around	19	quit one's job
10	fall apart	20	be thankful for

01	be sure (that)	11	come forward
02	bear with	12	or so
03	be responsible for	13	be supposed to+동사원형
04	as a whole	14	be harmful to
05	in vain	15	by nature
06	make an appointment with	16	be located in[at]
07	what is more	17	more ~ than ever
08	for one thing	18	tend to+동사원형
09	go on a picnic	19	at ease
10	no wonder (that)	20	see ~ off

일일 테스트 Day **49**

이름   **score (/ 20)**

01	escape from	11	cooperate with
02	save A for B	12	be scheduled to+동사원형
03	anything but	13	nothing is+비교급+than A
04	as usual	14	be capable of
05	make coffee	15	take over
06	be one's fault	16	build up
07	dare to+동사원형	17	stay away (from)
08	insist on	18	dig up
09	point to	19	take advantage of
10	come to an end	20	set the table

일일 테스트 Day **50**

이름   **score (/ 20)**

01	settle in	11	to make matters worse
02	catch up with	12	pass through
03	be surrounded by[with]	13	in secret
04	pop up	14	be anxious for
05	feed on	15	take action
06	place an order (for)	16	as a matter of fact
07	sink into	17	with the help of
08	a rain check	18	regard A as B
09	nothing but	19	take the stairs
10	look forward to	20	be off to

01	seem to+동사원형	11	not ~, either
02	have respect for	12	cut in line
03	devote oneself to	13	scare away
04	face to face	14	a spoonful of
05	the day after tomorrow	15	turn over
06	take ~ home	16	let alone
07	all over again	17	talk over
08	be bound for	18	in the shape of
09	so ~ that ...	19	take ~ for granted
10	make sure (that)	20	at birth

✂

01	by chance	11	in search of
02	come to an end	12	save A for B
03	make coffee	13	out of breath
04	keep ~ clean	14	insist on
05	have an argument with	15	be used to+동사원형
06	be one's fault	16	suffer from
07	as usual	17	dare to+동사원형
08	cause A to+동사원형	18	point to
09	escape from	19	anything but
10	break down	20	have trouble (in) -ing

미니
숙어
사전

'뜯어먹는 중학 영숙어 1000'에 나와 있는 중학교 필수 숙어 1,000개와
그 의미를 간추려 정리한 미니 숙어 사전입니다.

| 사용법 |

• 늘 몸에 지니고 다니면서 반복 학습합니다.

• 누적 테스트의 정답을 확인하는 용도로 사용합니다.

미니 숙어 사전

G

서술형이 쉬워지는 숙어 사전

영어 실력과 내신 점수를 함께 높이는
중학 영어 클리어, 빠르게 통하는 시리즈

 문법 영문법 클리어 | LEVEL 1~3

문법 개념과 내신을 한 번에 끝내다!

- 중등에서 꼭 필요한 핵심 문법만 담아 시각적으로 정리
- 시험에 꼭 나오는 출제 포인트부터 서술형 문제까지 내신 완벽 대비

 쓰기 문법+쓰기 클리어 | LEVEL 1~3

영작과 서술형을 한 번에 끝내다!

- 기초 형태 학습부터 문장 영작까지 단계별로 영작 집중 훈련
- 최신 서술형 유형과 오류 클리닉으로 서술형 실전 준비 완료

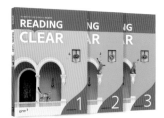

 독해 READING CLEAR | LEVEL 1~3

문장 해석과 지문 이해를 한 번에 끝내다!

- 핵심 구문 32개로 어려운 문법 구문의 정확한 해석 훈련
- Reading Map으로 글의 핵심 및 구조 파악 훈련

 듣기 LISTENING CLEAR | LEVEL 1~3

듣기 기본기와 듣기 평가를 한 번에 끝내다!

- 최신 중학 영어듣기능력평가 완벽 반영
- 1.0배속/1.2배속/받아쓰기용 음원 별도 제공으로 학습 편의성 강화

 실전 문법 빠르게 통하는 영문법 핵심 1200제 | LEVEL 1~3

실전 문제로 내신과 실력 완성에 빠르게 통한다!

- 대표 기출 유형과 다양한 실전 문제로 내신 완벽 대비
- 시험에 자주 나오는 실전 문제로 실전 풀이 능력 빠르게 향상